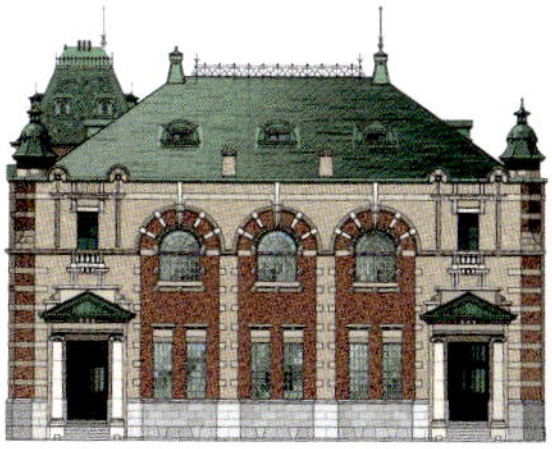

九州遺産

近現代遺産編 101

文・写真／砂田光紀

監修／国土交通省九州運輸局、九州産業・生活遺産 調査委員会

弦書房

●九州の近現代遺産について

大地に輝く人びとの軌跡

長い鎖国から解き放たれた日本。海外から新しい技術や文化を受け入れながら急速に近代化を遂げた時代があります。そこに居合わせた人びとは文明という新しい光に驚き、夢を託し、諸外国に追いつこうと必死で挑んでいました。土木、建築、農業、工業、商業、金融、政治、軍事、教育、文化など、あらゆる分野で日本人は近代化への挑戦に情熱を注いだのです。時代は幕末から明治へ、そして円熟の大正、昭和期へと変遷。こうして築き上げられた近代日本という国家は、第二次世界大戦によってその多くが灰燼に帰してしまいます。しかし、焼け野原の大地から立ち上がる時にも、幕末からはじまったあの近代化の経験が人びとを勇気づけていました。焦土の日本はわずか三十年という驚異的なスピードで世界屈指の経済大国へと発展したのです。

九州は近代化において常に先頭を走っていました。鎖国期にもわが国で唯一、世界への窓であった長崎。海を通じて海外との情報交換を成し得た鹿児

本書の記載事項について

- 名称は各県の近代化遺産報告書や文化財の指定名称、所有者の使用する呼称を優先した。
- 合併による市町村名変更が著しいため所在地は平成20年1月1日時点（当日変更含む）を表記する。
- 特に注記のないものは竣工年を記載。開業・製造・購入年がふさわしいものはその旨、記述する。
- 竣工年、諸元についてはできる限り正確であるよう配慮したが、諸説あって確定できないものもある。
- 国、都道府県、市町村による指定・登録文化財に関してはその旨、記述する。
- 土木学会による指定土木遺産、海上保安庁灯台部による指定保存灯台等はその旨、記述する。
- 参照資料・参考文献一覧、協力者一覧は巻末にまとめて記載する。

※近現代の遺産研究は歴史が浅い。本書でも遺産解説については利用者に配慮し、正確さ、網羅性が高まるよう努力したが、なお資料が少なくあいまいな部分もある。内容について誤りや記載以外の解釈が予測されるが、新しい情報やより正確な情報をお持ちの方にはぜひご教示を賜りたい。

島。幕末に欧米からの外圧が高まると佐賀や鹿児島では海外に学び、いち早く軍事や産業の近代化に着手します。九州にはまた石炭に代表される豊富な地下資源もありました。さらに、大航海時代に伝来したキリスト教が長い禁制の時代に耐えて九州西岸域に伝承しており、明治になって禁制が解かれると一気に花開きます。九州は近代日本の礎を築く上で重要な役割を果たしたのです。

最近、「近代化遺産」や「産業観光」という言葉をよく耳にします。歴史研究の対象としてだけでなく、散策・探訪の対象として、あるいは地域を象徴する大切な風景として近現代の遺構や史跡が活用されています。今回、九州の近現代遺産を調査・撮影し、データベースの構築を行いました。本書が地域の遺産を見つめ直すきっかけとなり、多くの方に近現代遺産をめぐる旅のハンドブックとして活用していただけるならば幸いです。

国土交通省九州運輸局
石崎　仁志

■九州の近現代遺産101について

本書における近現代遺産の考え方

- 九州本土各県（福岡、佐賀、長崎、大分、熊本、宮崎、鹿児島）を対象とする。
- 原則として幕末から1955（昭和30）年までに建造・製作されたものを対象とする。
- 産業、交通運輸、軍事、政治、経済、教育、文化、生活等の近代化に関わるか、寄与したものを対象とする。
- 竣工・製造当時の原形を現在も全体または部分的にとどめるものを対象とする。
- 意匠が美しいもの、時代背景を物語るもの、関わった人びとの心情に触れることができるものを対象とする。
- 保存活用されているもの、保存活用に値するもの、今後失われるならば記録しておきたいものを対象とする。

※ 調査期間中に解体されたもの1件を遺産の重要性と保存の難しさを考えるきっかけとして所有者のご理解、ご協力のもとに掲載した。

目次

九州の近現代遺産101 所在地マップ

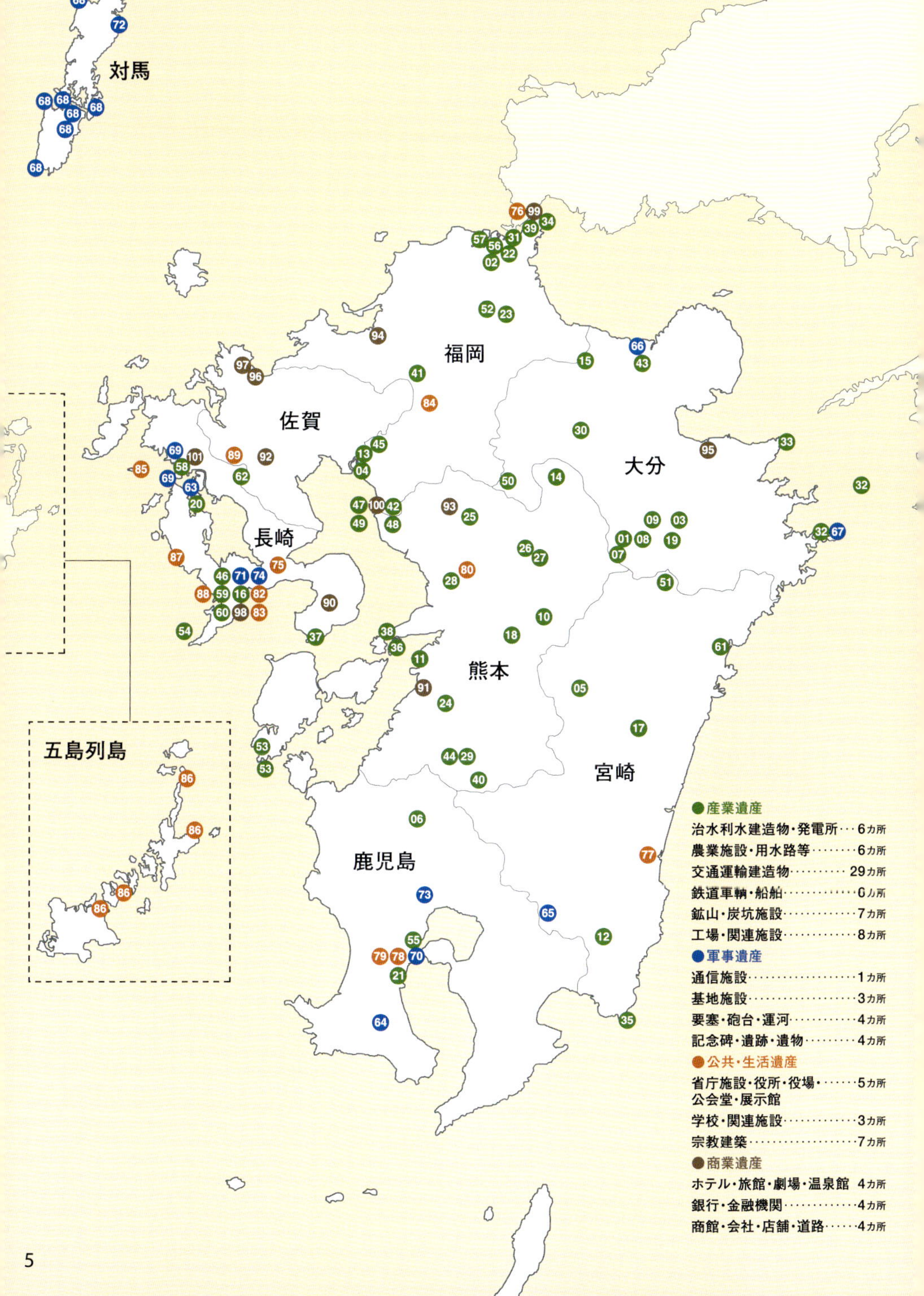

●産業遺産
治水利水建造物・発電所……6ヵ所
農業施設・用水路等……6ヵ所
交通運輸建造物……29ヵ所
鉄道車輌・船舶……6ヵ所
鉱山・炭坑施設……7ヵ所
工場・関連施設……8ヵ所

●軍事遺産
通信施設……1ヵ所
基地施設……3ヵ所
要塞・砲台・運河……4ヵ所
記念碑・遺跡・遺物……4ヵ所

●公共・生活遺産
省庁施設・役所・役場・公会堂・展示館……5ヵ所
学校・関連施設……3ヵ所
宗教建築……7ヵ所

●商業遺産
ホテル・旅館・劇場・温泉館 4ヵ所
銀行・金融機関……4ヵ所
商館・会社・店舗・道路……4ヵ所

この本の楽しみ方

フィールドへいざなう遺産探求の便利本

本書には九州の近現代遺産が分野別に紹介されています。それぞれの遺産には番号を付け、巻頭の分布地図でおおまかな所在がわかるよう工夫しました。各遺産の紹介ページにはできるだけわかりやすい説明と写真を掲載。それぞれの遺産が持つ魅力をポイントとして紹介しています。さらに実際に遺産を訪ねるための情報を地図とともに掲載しましたので、素晴らしい九州の遺産を探求する旅にぜひ本書をお役立てください。

マップコード
マップコード対応のナビゲーションシステムなら、この番号を打ち込むだけで掲載遺産へと案内してくれます（頁数の横に配置したものもあります）

アクセス地図
遺産の現場へアプローチするための概略地図です

遺産番号
P5の地図上に番号でおおまかな位置を示してあります

分野
各遺産は簡単に分類してあります

産業｜治水利水建造物

01 Hakusui Reservoir & Dam

白《はく》水《すい》溜《ため》池《いけ》・堰《えん》堤《てい》

■所在地—大分県竹田市大字次倉
■竣　工—1938年（昭和13年）
■設計者—大分県土木技手（技師）小野安夫
■国指定重要文化財、Aランク近代土木遺産

8

流麗に滑り落ちる水に土木技師と石工たちの誇りを見る

棚田の道を木々の生い茂る谷間に向かうと、水面に雲を映す鏡のような池が見える。水音をたよりに進み、石造りの堰堤に出会う。均等な波紋を描きながら石の滑り台を走る水流。ゆりかごの中の子どものように大切に扱われる流れは絶妙に描かれたカーブに沿って流速を落とし、この美しいダムと下の川を守っている。

POINT
● 転波と呼ばれる規則的な水流模様を造り出す石積みの曲線美。
● 溜池の水面と同じ高さに立って流れ落ちる水を見ることができる。
● 流速を制御する曲線の組み合わせは堰堤の左右、中央で表情が違う。

溜池を支え、溢れる水を柔らかく従えながら下流へと逃がすその姿はまさに水の滑り台である。白水堰堤と溜池は農業用水の安定確保を目指して建設された。ここを管理する富士緒井路土地改良区の人びとが苦心の末に完成させたものだ。設計者の小野安夫が目指したであろう水を従順にするデザインは、地元産の凝灰岩とそれを加工する石工たちの力で実を結んだ。全面から溢れる均等な水のカーテンは規則的な波模様を描く。左側の3次曲線を組み合わせた石積みでは水が無理なく滑りながら集められ、流速を落とす。右側の階段状の構造は仏像の衣の裾を見ているようだ。水の流れは手なづけられるように制御され、無理なく14mの落差をかけ下る。完成は昭和13年。日本のダム、堰堤を代表する優雅で美しい施設として、近年、脚光を浴びている。

123 独特なカーブを描く石造ダム
溜池からのオーバーフローを均等な水の幕とし、落下速度を落とすために両岸にカーブを描いている。
4 溜池と堰堤
堰堤横の通路を下りながら見ると溜池の水面と同じ目線に。

0[illegible]5549226
■アクセス　JR豊肥本線玉来駅より車で約25分。豊後竹田駅からは約30分。
■基本的に観光地ではないのでマナーを守り、安全に見学したい。
■谷底に駐車スペースはない。地元の厚意で用意された尾根上の駐車場を利用。
■問い合わせ　富士緒井路土地改良区　0974-42-2203

9

アクセス情報
遺産のフィールドへ行く方法、その他の情報を添えました。問い合わせ先もありますので遺産への旅にご活用ください

写真解説
番号の付いた写真を解説しています

詳細説明
もっと詳しく知りたい方のためのより詳細な情報です

ポイント
各遺産の注目ポイントです。新しい視点を発見してください

概略説明
わかりやすい解説で遺産を説明しています

基本情報
遺産の所在地や竣工年などの基礎情報です

産業遺産

治水利水建造物・発電所
農業施設・用水路等
交通運輸建造物
鉄道車輌・船舶
鉱山・炭坑施設
工場・関連施設

産業｜治水利水建造物

01 Hakusui Reservoir & Dam

白《はく》水《すい》溜《ため》池《いけ》・堰《えん》堤《てい》

■所在地―大分県竹田市大字次倉
■竣　工―1938年（昭和13年）
■設計者―大分県土木技手（技師）小野安夫
■国指定重要文化財、Aランク近代土木遺産

流麗に滑り落ちる水に土木技師と石工たちの誇りを見る

棚田の道を木々の生い茂る谷間に向かうと、水面に雲を映す鏡のような池が見える。水音をたよりに進み、石造りの堰堤に出会う。均等な波紋を描きながら石の滑り台を走る水泡。ゆりかごの中の子どものように大切に扱われる流れは絶妙に描かれたカーブに沿って流速を落とし、この美しいダムと下の川を守っている。

POINT

● 転波と呼ばれる規則的な水流模様を造り出す石積みの曲線美。
● 溜池の水面と同じ高さに立って流れ落ちる水を見ることができる。
● 流速を制御する曲線の組み合わせは堰堤の左右、中央で表情が違う。

溜池を支え、溢れる水を柔らかく従えながら下流へと逃がすその姿はまさに水の滑り台である。白水堰堤と溜池は農業用水の安定確保を目指して建設された。ここを管理する富士緒井路土地改良区の人びとが苦心の末に完成させたものだ。設計者の小野安夫が目指したであろう水を従順にするデザインは、地元産の凝灰岩とそれを加工する石工たちの力で実を結んだ。全面から溢れる均等な水のカーテンは規則的な波模様を描く。左側の3次曲線を組み合わせた石積みでは水が無理なく滑りながら集められ、流速を落とす。右側の階段状の構造は仏像の衣の裾を見ているようだ。水の流れは手なづけられるように制御され、無理なく14mの落差をかけ下る。完成は昭和13年。日本のダム、堰堤を代表する優雅で美しい施設として、近年、脚光を浴びている。

1 2 3 独特なカーブを描く石造ダム
溜池からのオーバーフローを均等な水の幕とし、落下速度を落とすために両岸にカーブを描いている。

4 溜池と堰堤
堰堤横の通路を下りながら見ると溜池の水面と同じ目線に。

685549226

■アクセス　JR豊肥本線玉来駅より車で約25分。豊後竹田駅からは約30分。
■基本的に観光地ではないのでマナーを守り、安全に見学したい。
■谷底に駐車スペースはない。地元の厚意で用意された尾根上の駐車場を利用。
■問い合わせ　富士緒井路土地改良区　0974-42-2203

1

02 Kawachi Reservoir & Dam , Minami-kawachi Bridge

河《かわ》内《ち》貯《ちょ》水《すい》池《ち》堰《えん》堤《てい》 および周《しゅう》辺《へん》施《し》設《せつ》・南《みなみ》河《かわ》内《ち》橋《ばし》

■所在地―福岡県北九州市八幡東区大字大蔵

■竣　工―河内堰堤／1927年（昭和2年）
南河内橋／銘板には大正15年とあるが、竣工、開通は昭和2年とされる。

■設計者―八幡製鉄所土木部長　沼田尚徳

■河内堰堤、南河内橋／選奨土木遺産
南河内橋／登録有形文化財

製鉄を支えたダムに繊細な石と鉄の芸術を見る

ダム一つにここまで繊細な細工を施す例を他に見ない。注意深く見ると堰堤本体だけでなく、水路や記念碑、建物、橋などに一貫したデザインが施されている。自然石を細長くぎっしりと並べるモザイク状の仕上げ。南河内橋の芸術的トラスとともに、八幡における製鉄業のパワーと水辺に安らぎの場を創造した人びとの思いを語る。

POINT

- 漏水防止の継ぎ手が設けられ、現在も漏水しない頑強な重力式ダム。
- 管理事務所、取水塔、弁室、暴気処理池、橋梁群に繊細なデザインと細工を施す。
- 南河内橋には珍しいレンティキュラー・トラスを採用し、美しさが際立つ。

1 2 堰堤
高さ44m、幅189mの壮大なダム。延べ90万人の中から殉職者が出なかったのも画期的だった。

3 石碑
KAWACHI RESERVOIR COMPLETED IN SYOWA 2 1927 DESIGNED AND BUILT BY H.NUMATA M.AM.SOC.C.E M.ADACHI C.E Y.MATUO ASS'T.ENG とある。
沼田がアメリカ土木学会会員だったことは、河内堰堤と周辺施設のデザインワークに影響を与えたのであろう。

おびただしい数の切石を積み上げた堰堤は壮大である。通路や取水塔には小さな石を扁平に加工し、モザイク状に貼り付けている。あちこちに美しい曲線を描き、丸石と貼り分けるなどして変化をつけたその感性。ダムという産業施設から冷たさを拭い去り、人間の作った物はそれが何であれ美しくなり得るのだと無言のうちに語りかけてくる。放水路の石積み、亜字池、中河内橋、記念の石碑。いずれの施設も自然石を巧みに並べ、豊かな自然に融合させる手法をとり、効率を追うだけの土木が失った哲学さえも滲ませている。南河内橋も同様に、鉄製トラス橋ながら世界的にも珍しいレンティキュラー・トラスを採用し、深い緑に包まれた湖面に映える。竣工当時、東洋一の規模を誇った工業用堰堤は頑強さを証明しつつ現在も八幡製鉄所に清らかな水を送り続けている。

河内貯水池堰堤 16307229
南河内橋 16246792

■**アクセス**　JR八幡駅より西鉄バス田代行きにて堰堤前下車。
■堰堤周辺、貯水池周囲には散策路や駐車場、公衆便所も完備。
■南河内橋は現在、自動車の乗り入れができない。

1 2 南河内橋　Lenticular truss bridge

レンティキュラー・トラスは19世紀中頃にヨーロッパで流行し、19世紀末にはアメリカで多用された。我が国では1920年代に入ってから3例の架橋が確認されているがすでに2橋は取り壊され、南河内橋は日本にただ1例の極めて貴重な橋である。

3 取水塔　4 河内堰堤管理事務所　5 中河内橋　6 通路高欄／特徴的な貼り石を施した美しい施設は現在も訪れる人びとの心を癒す。

03 Chinda Dam & Power Station

沈《ちん》堕《だ》ダム 沈《ちん》堕《だ》発《はつ》電《でん》所《しょ》

■所在地―大分県豊後大野市大野町矢田2428（発電所）
■竣　工―1909年（明治42年）
■顧問技師―豊後電氣鐵道株式會社　岸敬二郎
主任技師―武村逸
■Cランク近代土木遺産

雪舟も描いた景勝地に造営された電車の動力源

雪舟にインスピレーションを投げかけた名瀑と廃墟の石壁が今は美しくたたずむ。明から帰国した室町時代の画家、雪舟は大分を訪れ、この地で「鎮田瀑図」を描いた。豊富な水量と高低差はやがて大分～別府間を走る電車の動力を供給することとなる。滝の上部に築かれた堰と水路、そして石造りの発電所跡が時の流れを語る。

発電所は大分～別府間を走る電車の動力源として豊後電気鉄道株式会社が建設したもの。竣工時には500Kwの発電機を2台備えていたが、大正2年にはもう1台の増設を図っている。当時、大分県内では大規模発電が盛んになりつつあり、豊後電気鉄道はこの発電所もろとも大正5年に九州水力電気株式会社に合併された。電力会社が鉄道を兼業したのである。その後も曲折を経て鉄道会社は現大分交通の母体となった。沈堕発電所は大正12年に3km下流に新設され、現在は九州電力によってダムの管理、発電事業が行われている。明治期の発電所建物は外壁だけを残す。石積みの壁面に8本のアーチが連続し、下段には排水口が見える。内部に入ると後背の崖面に大きな穴が3つ穿たれ、水路を通ってダムからやってきた水がタービンへと流れ落ちた痕跡とわかる。

1

POINT

● 石造りの発電所建物は西洋風の壁面のみを残し、周囲の自然と融合して美しい。
● 沈堕の滝の歴史的意義を踏まえて補強されたダムと滝は雪舟の見た情景を彷彿とさせる。
● 石造水路や発電所の施設が良く残り、廃墟散策を堪能できる。

237228583

■アクセス
大分市より国道502号線を東へ約12Km。県道三重野津原線に入り、約1Km。
■駐車場有り。「ちんだの滝ふれあい公園」に展望台、トイレ等完備。
■問い合わせ　豊後大野市大野支所　0974-34-2301

2

3

1 沈堕の滝と沈堕ダム／雪舟の描いた沈堕の滝を再現するためにダムの補強工事に合わせて1996年、滝崖面の補強も行い、常時水を流すこととなった。環境や歴史性に配慮した好例といえる。

2 3 発電所建物跡／石造の壁のみが残る。頑強な構造とアーチ開口が美しく、明治期の産業建築の粋を醸し出す。

04 Chikugo River "de Rijke" Training Levee

筑《ちく》後《ご》川《がわ》デレーケ導《どう》流《りゅう》堤《てい》

■所在地—福岡県大川市、柳川市
佐賀県佐賀市川副町

■竣　工—1890年（明治23年）

■築堤指導者—ヨハネス・デ・レーケ J. de Rijke

■Aランク近代土木遺産

大河の流れを守るために築かれた壮大な水の道

引き潮の時だけ姿を現す途方もなく遠大な石の堤が、筑後川のど真ん中をどこまでも伸びている。オランダ人ヨハネス・デ・レーケの技術が今も筑後の流れを守っているのだ。日本各地の治水に力を尽くしたデ・レーケは筑後川の流速を速めることで、遠浅の有明海の沖にまで泥や砂を運ぶ仕組みを作り上げた。

2

3

P O I N T

- ● 自然に逆らわず、その力を借りて治水するデ・レーケらしい曲線美。
- ● 引き潮の時だけに見ることができる延長6・527㎞に及ぶ大導流堤。
- ● おびただしい数の自然石を積み上げた構造を橋の上から望める。

1 2 河口に向かって伸びる導流堤
延々と続く導流堤が筑後川の中央に現れる。
3 河畔から見た導流堤
干満の差が激しく、土砂の堆積も多い河川中央に堤を築いた先人の努力に頭が下がる。

明治政府は近代化に伴い、西洋の土木技術を輸入しようと試みた。オランダ人、ヨハネス・デ・レーケは治水・河川改修の専門家として招かれた技師である。明治6年に31才で来日したデ・レーケはその後30年にわたって日本の治水に力を尽くし、大阪淀川や木曽三川の治水、防災に手腕を発揮している。その間、明治12年に妹を、また明治14年には最愛の妻を失っているが、日本の治水に対する情熱が止むことはなかった。明治16年に筑後川を視察し、木曽三川と併行して同20年から工事に着手。河口から上流へ6・5㎞に及ぶ導流堤を築いて川の流れを速め、河口付近への土砂の堆積を防ぎ、洪水の防止と河川航路の確保に成功した。導流堤は良く機能し、115年を経た今も筑後の流れを御している。デ・レーケは明治24年に内務省の勅任官となり、明治36年に帰国した。

87088784

■アクセス
・西鉄柳川駅から西鉄バス早津江行にて約27分。大野島小学校下車。新田大橋中央まで徒歩5分。
・九州道八女I.C.より車で約30分。長崎道佐賀大和I.C.より車で約35分。
■干潮時のみ姿を現す。筑後川の橋梁中、最も下流側にある新田大橋から見下ろせる。歩道有り。
■筑後川昇開橋より下流側にある。昇開橋付近からも観察できるが川中にある。

05 Kamishiiba Dam

上《かみ》椎《しい》葉《ば》ダム

■所在地―宮崎県椎葉村大字下福良
■竣　工―1955年（昭和30年）本体完成
■建設所長―緒方惟明技師
■施　工―鹿島建設ほか

平家落人伝説の里、秘境椎葉にアーチを結ぶ

山ふところにそそり立つ壁が弧を描く。満々と湛える緑色の水。日本で最初の大型アーチ式ダムは九州の秘境と謳われた椎葉の里に築かれた。山々から見下ろす姿は雄々しき中に女性的な曲線美を合わせ持つ。工事は困難を極めた。その甲斐あって北九州の工業に電力を供給。流された血と汗が日本の近代化に実を結んでいる。

POINT

- 雄大な椎葉の自然に溶け込む巨大アーチが見る者を圧倒する。
- 日本初の大型アーチ式ダム。その後国内にはアーチ式の大型ダムが大量に建設される。
- ダム湖「日向椎葉湖」、ダムの堤上、ダム下の道路など、展望ポイントが多い。

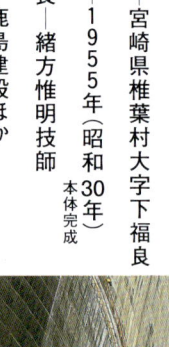

4

3

犠牲者を悼む記念碑がダムサイトの丘から見下ろしている。全長340m、高さ110m。巨大アーチ式ダムとしては日本初の快挙である。建造目的は戦後の産業復興。北九州の工業地帯に電力を供給する事が急務となったのだ。工事は思うように進まなかった。地質不良で建設位置が変更になり、台風や豪雨で洪水も発生。慣れない山奥の現場で苦闘した人びとの姿が目に浮かぶ。着工から5年の歳月と延べ500万人の労働力が投入され、ようやく完成に漕ぎつける。完成を見ることなく犠牲となった人の数は105名。日本を代表する建設企業が名を連ねる記念碑の追悼文にはこう刻まれている。「在天の霊よ願わくばわれわれの微意を了とされ、殉職者諸兄姉の心血凝って成った偉業の成果をしずかに見守って下さい。」ダムを見下ろす公園では今年も桜が満開を迎える。

1 2 3 オーバーハングしたアーチ部
巨大なアーチ。木製のキャットウォークがいくつも廻っている。

4 椎葉の大自然と上椎葉ダム
緑の水を満々と湛えるダム湖と周辺の山々、まさに秘境のダムである。

501723726

■アクセス
・JR日向市駅より国道327号にて約1時間50分。鶴富屋敷周辺で地元の方に尋ねるとわかりやすい。
・日向市のロックタウン日向より宮崎港通バス上椎葉行きにて約2時間35分。上椎葉下車。徒歩約10分。
■ダムの頂上部は道路として使用されており通常は通行できる。高所なので注意。
■ダム下を通る国道265号バイパスからアーチを見上げることも可能。
■問い合わせ 椎葉村観光協会 0982-67-3139
椎葉村企画観光課 0982-67-3203

産業｜発電所

06 Sogi Power Station

曽《そ》木《ぎ》発《はつ》電《でん》所《しょ》

■所在地—鹿児島県伊佐市大口曽木

■竣　工—1909年（明治42年）

■設計者—不詳

■Cランク近代土木遺産

1

湖上に現れる幻の煉瓦建物は日本における化学工業の原点

静まりかえった湖面に野鳥の声だけがこだまする。ほとりにたたずむ煉瓦の建物は屋根を失い、かつてそこがタービンの音に包まれた大電力の源だったと想像するのは難しい。電気を使う化学事業の草創期を象徴した大発電所の跡は時の彼方に沈んでいたが、やがて幻のように夏の間だけ姿を現すこととなった。

POINT

- 春先に次第に湖面に姿を現し、秋口になるとまた水中に没する神秘的な廃墟。
- 堅牢な煉瓦積みの壁は今も良く残り、アーチの連続が美しい。
- 4台の発電機を収めていたタービン棟の側壁と巨大な管理棟の妻壁を対岸の展望台から見おろす。

1 対岸より望む発電所
湖面に平行に建てられたタービン棟と、直角に接続する管理棟の壁面。

2 煉瓦積みの建物
イギリス積みの煉瓦の状況が良くわかる。タービン棟は吹き抜けで、この上に壮大な屋根が乗っていた。

近代化を物語るあまたの遺跡の中でもここは特異である。昭和41年の鶴田ダム完成以来湖底に沈んでいた発電所が今、春から秋の間だけ水上に姿を現すのだ。幻想的な姿は人びとの注目を集め、見学者が絶えない。曽木発電所が建設されたのは明治42年。牛尾大口金山への排水用電力供給と、大口地区への電燈供給が主務であった。現存するのは第二発電所である。設立者は日本の化学工業の祖となった野口遵《したがう》。野口は発電所の余剰電力を送電して熊本県水俣市でカーバイト生産を開始。やがてそれは日本窒素肥料株式会社となり、チッソ株式会社、旭化成工業株式会社、積水工業株式会社の前身となる。ドイツ製の発電機を擁した巨大なタービン室と管理棟は壁面だけを残し、光と陰を合わせ持つ化学工業の原点となった発電所の往時の姿を見せてくれるのである。

270622708

■アクセス
九州道栗野I.C.より国道268経由、約30分で大口市へ。さらに国道267号を南下、曽木の滝方面を目指し、県道404号に入る。大口市街地より約15分。
■夏期のみ姿を現す。秋から春にかけてはダム湖増水のため水没。
■発電所跡付近は現在整備中のため、立入制限有り。
■対岸に展望台が整備されている。駐車場有り。身障者用トイレ有り。
■問い合わせ　大口市商工観光課　0995-22-1111

07 Otonashi-iro Waterway No.12 Circle-Shaped Distributor

音《おと》無《なし》井《い》路《ろ》十《じゅう》二《に》号《ごう》分《ぶん》水《すい》

（円《えん》形《けい》分《ぶん》水《すい》）

■所在地―大分県竹田市大字九重野百木
■竣　工―1934年（昭和9年）
■Cランク近代土木遺産

灌漑に命をかけた先人の志を引き継いだ知恵の結晶

百木集落に水をひく計画は1693（元禄6年）には発案されていた。1715年にはじまった開削は豪雨災害で頓挫し、工事責任者の引責切腹という悲劇を招くに至った。明治期にその遺志を継いで導水路が完成したが水争いが絶えず、知恵を絞った末に円形分水の採用で円満に解決。先人の恩に報いることとなった。

ゆるやかな傾斜地の頂上部に水を引くことでこの地を豊かな水田にすることは江戸時代初期から計画されていた。しかし急峻な山地に隧道を掘ることは容易でなく、1715年にはじまった井路工事では工事中断の憂き目を見、岡藩の家臣、須賀勘助は責任を負って切腹している。明治9年、藩士であった井上藤蔵と宮砥村に住んでいた熊谷桃三郎は勘助の意志を引き継ぎ、計画を練り直して開削工事に着手する。しかし工事は困難を極め、藤蔵は破産してこの地を追われる。残った桃三郎と地元の人びとの力で遂に完成したのが音無井路である。しかし通水すると同時に3つの幹線水路への導水量を廻って争いが絶えず、互いに反目する日々が続いた。そこで水を平等に分配するための施設として円形分水が作られたのである。昭和9年の完成、昭和59年の改修を経て、今も地元の人びとに大切に使われている。

POINT

- 水田耕作中は勢いよく流れる分水の美しさを見ることができる。
- 約2kmの井路を経て流れ出る水がサイフォンの原理で中央から大きく湧き出す。

■円形分水のしくみ

2kmの井路を通ってやってきた水はサイフォンの原理で円形水槽の中央から勢いよく湧き出る。これを20個ある分水窓から決められた割合で3つの幹線用水路に落とし、水を公平に分配している。水の量が多くても少なくても分配の割合は変わらないしくみである。

685455180

■アクセス

・JR豊後竹田駅より車で約30分。JR豊後荻駅より車で約10分。

・県道8号線荻町付近、宮砥(みやど)小学校から約5kmの隧道横。

■現役農業施設なのでマナーを守り、安全に見学したい。

■問い合わせ

竹田市商工観光課　0974-63-1111

竹田市観光協会　0974-63-2638

08 Meisei-iro No.1 Main Irrigation Canal No.1 Aqueduct Bridge

明《めい》正《せい》井《い》路《ろ》一《いち》号《ごう》幹《かん》線《せん》一《いち》号《ごう》橋《きょう》

■所在地―大分県竹田市大字門田
■竣　工―1919年（大正8年）
■設計者―大分県農業技手　矢島義一
■選奨土木遺産

清冽な水を運ぶ端正な石積み六連アーチ

農村地帯に突如現れるアーチ橋。川を越え、道路を跨ぐ六つのアーチが水田の緑に映える。その壮大さゆえ、水路橋であるとは一見しただけではわからない。総延長48㎞に及ぶ灌漑用水路を支える重要な石の橋を見上げると、明治・大正期に水路を開削した先人たちの思いが伝わってくる。

緒方川の水を灌漑に利用したいという考えは江戸時代からあたためられていた。明治末期になって耕地整理の気運が高まると測量が始まり、大正6年に着工。中でも一号幹線、二号幹線は隧道の多い工事となり、財政難に苦しめられた。主任技術者は大分県農業技手の矢島義一。設計施工を一任されていたが、完成を見ることなく自殺。38才であった。その後工事は進捗し、着工から7年半に及ぶ難工事の末、ついに大正13年に完成を見る。一号・二号幹線は総延長約11㎞。うち隧道が8㎞に及ぶ。石拱橋はいくつも築かれたが、中でも壮大なものがこの一号幹線一号橋である。全長は89・2m、幅2・8mを計り、径間10・7mの六連アーチである。一号幹線・二号幹線の開鑿で400haの水田が拓かれた。広い耕地を潤すために、アーチ橋の上を蕩々と水が流れ続けている。

註―石拱橋とは石積みによるアーチ橋のこと。元来、中国での呼称である。

POINT

● 川、道路、水田を跨ぐ壮大な連続アーチ。
● 設置場所の関係でさまざまな角度から橋を観察できる。対岸の里道もポイント。
● 豊後らしい端正な布積みの構造が頑強さを主張する現役水路橋。

1 2 鮮やかな六連アーチの連続
起伏に富む地形をものともしない石橋の勇姿。
3 第一拱石橋の銘板
明正井路第一拱石橋とある。井路の名は明治から大正期に開削されたことに由来する。

685584305

■アクセス
豊後竹田市より県道8号（竹田五ヶ瀬線）にて約20分。祖峰中学校付近。
■現役農業施設のため見学はマナーを守り、安全に気をつけて。
■水路橋のため橋上には水が流れており大変危険。下から見上げて見学したい。

2

3

09 Wakamiya-iro Irrigation Canal, Sasamuta & Kagami Stone Aqueduct Bridges

若宮《わかみや》井路《いろ》笹無田《ささむた》石拱橋《せっきょうきょう》
鏡《かがみ》石拱橋《せっきょうきょう》

1

3

2

笹無田石拱橋
■所在地―大分県竹田市大字挟田1504・1
■竣　工―1917年（大正6年）
■設計者―工藤虎彦
■登録有形文化財、Cランク近代土木遺産

鏡石拱橋
■所在地―大分県竹田市大字会々
■竣　工―1909年（明治42年）
■設計者―不詳
■市指定文化財

失敗を礎に築き上げた水路橋が谷を跨ぐ

緑深い山あいを走る豊肥本線。見おろすように巨大な2連アーチの笹無田石拱橋がそびえる。一方、県道と川を跨ぐ竹田市へのゲート、鏡石拱橋。いずれも細身ながら頑強さを見せつける石の芸術である。2つの石橋は田畑を潤す灌漑用水のために造られた水路橋なのだ。やがて喜寿を迎えようとする老橋に水は勢いよく流れている。

POINT

● 径の異なる2連アーチが風景に変化を与えている。
● 幹線道路や鉄道との併走、交差が面白く、橋をさまざまな角度から見せてくれる。
● 伊東俊次郎翁が15年を費やした井路の実測図が現存し、完成を見ずに没した翁の遺徳がしのばれる。

5

竹田市から大分市へ向かう国道57号線、豊肥本線の線路が併走して笹無田川を渡る。その往来を見おろすかのように大きなアーチがひときわ高くそびえている。天空で結ぶ細い円弧に北斎の誇張した描写を思い出す。鮮やかなアーチの上を滑るように大量の水が流れていようとは、下を行き交う人びともよもや気づいてはいないであろう。若宮井路は明治34年に開鑿された。当時、この谷を渡っていたのはサイフォン式の鉄管である。しかし直径1mもある鉄管が2年後には破裂。やむなく木造の橋を架ける。大正5年に石橋を架けるも通水後たった5日で崩落。その年の10月から再び石橋の工事が始まり、翌年5月に完成したのが現在も使用されている笹無田石拱橋である。一方の鏡石拱橋も2連アーチ。草を纏って歴史を感じさせる石橋が県道と川を歩幅を変えて跨いでいる

1 鏡石拱橋
長湯温泉方面から県道を通って竹田市に入るとこの橋をくぐる。

2 3 4 笹無田石拱橋
2連アーチが谷を渡る横を豊肥本線が走る。

5 笹無田石拱橋の工事風景
（写真提供:朝地町土地改良区）
この時組まれた正確な円弧が米寿を迎えた現在も橋を支え、水流を支えている。

若宮井路笹無田石拱橋 237214794
鏡石拱橋 237212014

■アクセス
笹無田石拱橋
・豊後竹田駅より国道57号を朝地方面へ、車で約5分。
・JR豊後竹田駅より竹田バス大分方面行きにて約10分、濁淵下車、徒歩2分。
鏡石拱橋
・豊後竹田駅より県道47号竹田直入線を長湯温泉方面へ、車で約3分。
■農業用の施設なのでマナーを守り安全に見学したい。特に橋の上は水路のため危険。
■併走する道路橋から見上げると良く観察できる。

■問い合わせ
竹田市観光協会　0974-63-2638
朝地町土地改良区　0974-72-1152

1

産業｜用水路等

10 Tsujun Aqueduct Bridge

通《つう》潤《じゅん》橋《きょう》

■所在地—熊本県山都町長原、城原
■竣　工—1854年(嘉永7年)
■国宝

田畑を潤すために築き上げた水の架け橋

田畑を潤す水が空中を行く。通潤という名のなんと心地よい響きであろう。石で築いたアーチは城壁のように立ち、どっしりと構える。水管を洗う放水のシーンが有名だが、橋をいろんな角度から楽しみたい。サイフォンの原理で水が吸い込まれる水門。うねる3本の水路。通水した日の歓喜の声が今にも聞こえてくるようだ。

POINT

- 長さ75・6m、水面から橋上までの高さ21・4m、径間27・9mを計る日本最大の石造水路橋。
- 鞘石垣や鎖石工法など、熊本城の石垣に見られるような堅牢な石の壁は迫力満点。
- 流れを制御する水路構造や、交互に放水し泥を排出するための放水口なども見どころ。

2

日本最大の石造水路橋である。壮大な放水風景を一目見ようと全国から観光客が絶えないが、通潤橋は現役の灌漑用水路。現在も下流の白糸台地に滔々と水を運ぶ姿を見て欲しい。橋上へ登る。上流側には取入口が設けられ用水が吸い込まれてゆく。サイフォンの原理で下流側の吹上口から再び水が現れる。橋の上で7・5m落下した水は再び姿を見せるとき、5・8mを駆け上がるのだ。その間水が通るのは通水石管と呼ばれる凝灰岩をくり抜いた管。3列に並べられた石管は漆喰で防水を施しながら繋がっている。工事を企画したのは惣庄屋の布田保之助。水路橋の雄亀滝橋や完成していた霊台橋を参考に、宇一、丈八、甚平らの種山石工が腕を振るった。丈八は後に橋本勘五郎を名乗り、上京して旧二重橋、日本橋、江戸橋、浅草橋、万世橋などの架橋に携わったという。

1 反りで強度を持たせた壁面
熊本城の城壁を思わせるような急勾配のカーブが美しい。

2 3本の水路
阿蘇起源の溶結凝灰岩をくり抜いた石管がうねるように橋を渡る。

291659345

■アクセス
・九州自動車道御船I.C.より国道445号、または松橋I.C.より国道218号で矢部方面へ約40分。
・熊本交通センターから熊本バス矢部行きにて約1時間20分、役場前下車。
■道の駅「通潤橋」、無料駐車場有り。
■放水は農業に支障がない限り有料で予約可。0967-72-1933 原田さんまで。
■問い合わせ
道の駅「通潤橋」　0967-72-4844

11 Gunchiku Shinchi No.3 & 2-cho Sluiceways

旧《きゅう》郡《ぐん》築《ちく》新《しん》地《ち》甲《こう》号《ごう》樋《ひ》門《もん》

郡《ぐん》築《ちく》二《に》番《ばん》町《ちょう》樋《ひ》門《もん》

（郡築三番町樋門）

旧郡築新地甲号樋門
■所在地―熊本県八代市郡築三番町
■竣工―1900年（明治33年）
■設計者―川口虎雄
■国指定重要文化財、Aランク近代土木遺産

郡築二番町樋門
■所在地―熊本県八代市郡築二番町
■竣工―1938年（昭和13年）
■登録有形文化財、Cランク近代土木遺産

八代の干拓地を支えた石の水門が夕日に映える

古来より干拓によって広大な農地を得てきた八代平野。潮の逆流を防ぎ、耕地を守るために築かれた水門がどっしりと構える。現存する石造樋門としては国内最大（旧郡築新地甲号樋門）。昭和期に造られた二番町樋門も石造で、水辺に映える。当時の八代郡が造り、郡築干拓と呼ばれた1000haを越える干拓の海に向かう最前線である。

POINT

- 連続する石の構造と煉瓦アーチが近代の格式を伝える。
- 切石による複雑な意匠や上部に波受け隔壁を残し、当時の干拓技術、耐高潮技術を垣間見る。
- 八代平野に数多く残る樋門の中でもバランスが良く、水面に写る姿が美しい。

123 旧郡築新地甲号樋門
延長約29mの間に10のアーチ呑口を備え、それぞれに切石積みの隔壁が付く。高さは約5.5m。

456 郡築二番町樋門
昭和13年に新設された。アーチ上部に左右の階段からアプローチできるシンメトリーな構造。

八代平野の干拓は江戸時代の早い時期から盛んに行われてきた。広大な平野は東から西へと少しずつ海岸線を動かし、耕地を拓いてきた人の手によって生まれたのである。干拓には潮受けのための築堤と、排水のための水門が必要である。ただし水門には、満潮時や高潮の際に海水が干拓内に逆流するのを防ぐための隔壁機能が求められる。築堤は時代とともに頑強な石製になり、干潮時に水面下であった土地さえも干拓できるようになった。明治時代になると県営、郡営の事業として大規模な工事も可能となった。郡築干拓はその代表的な例である。新地甲号樋門は近代化を象徴するように洋館建築のような格式ある石造の外観で、水路部には10連に及ぶ煉瓦アーチが見える。二番町樋門は昭和期の新設だがあえて石造を選択し煉瓦アーチを採用。干拓の誇りを姿で表す。

旧郡築新地甲号樋門 128397061
郡築二番町樋門 128366534

■アクセス
・九州新幹線新八代駅、JR鹿児島本線八代駅より車で約15分。
・JR八代駅より九州産交バス郡築（産島）行きにて23分、郡築二番町下車。八代運動公園川に向かって徒歩約10分。
■史跡ではあるが水辺施設なので安全に気をつけて見学したい。
■問い合わせ 八代市文化課 0965-35-2021

1

2

3

4

5

6

産業｜農業施設

12 Rice Terraces of Sakamoto

坂《さか》元《もと》の棚《たな》田《だ》

■所在地—宮崎県日南市大字酒谷甲字坂元
■竣　工—1933年（昭和8年）
■日本の棚田百選

天を仰ぐ石積みの耕地に先人の思いを見る

整然と並ぶ不思議な棚田である。ゆるやかな斜面に規則的に築かれた石垣の群れ。昭和初期に牛馬による耕作を前提として拓かれた。その特徴的な風景とスケールの大きな石垣を一目見ようと多くの人びとが訪れる。耕作者が減少していた地域の人びとも発奮し、オーナー制も導入して美田が未来へと受け継がれてゆく。

棚田の多くは地形の起伏に合わせた複雑な形で、一枚一枚の面積も異なる場合が多い。それもまた開田の苦労を偲ばせるが、ここ坂元の棚田はまったく異なる趣を持っている。工事は昭和3年に始まった。坂元耕地整備組合の設立によって着工。5haに約100枚の水田を拓こうと試みた。営農技術に近代化の思想が組み込まれた昭和に入ってからの事業ゆえ、耕作の効率化が図られている。当時は牛馬耕であったため、スムーズに水田にアクセスできる通路が斜面を一直線に駆け登っている。方形の水田を連続させ、面積も5aで統一。まさに団地のような水田が構築された。同時に1・5kmにおよぶ灌漑水路を開削し、茅場であった斜面は見違えるような稲の海となった。測量の段階から協力し合い、自ら石を積み上げた農民たちの心意気が風景を作り、訪れる人びとに感嘆の声を上げさせる棚田である。

POINT

● リズミカルに続く棚田はどこから見ても迫力があり、美しい。
● 牛馬のための通路や灌漑水路が確認でき、棚田の仕組みが良くわかる。
● 見学者のために駐車場や展望台も整備され、気兼ねなく散策できる。

274511857

■**アクセス**　JR飫肥駅より国道222号を都城方面へ、道の駅「酒谷」の先で案内板に従って右折。飫肥城下より車で約10分。
■駐車場も整備され散策可能。水田に踏み込んだり農作業の邪魔にならぬよう楽しみたい。
■**問い合わせ**
日南市観光協会 0987-31-0606

2

1 牛馬のための通路／耕作具や収穫物を負った牛馬が安全かつ効率的に行き来できる通路。
2 展望台から見た棚田／規則的に連続する棚田の様子が一目瞭然である。

産業｜交通運輸建造物

13 Chikugo River Lift Bridge

筑《ちく》後《ご》川《がわ》昇《しょう》開《かい》橋《きょう》

（旧《きゅう》佐《さ》賀《が》線《せん》筑《ちく》後《ご》川《がわ》橋《きょう》梁《りょう》）

■所在地—福岡県大川市大字向島地先
佐賀県佐賀市諸富町
大字為重地先
■竣　工—1935年（昭和10年）
■設計者—鉄道省稲葉権兵衛（橋梁部）
同省坂本種芳（昇降機械部）
■国指定重要文化財、Aランク近代土木遺産

空中に駆け上がる橋の勇姿が青空に映える

悠々と流れる筑後川を跨ぐ赤い橋、中央部には天を挟むように一対のタワーが向き合う。ゆっくりと上下する鉄の橋梁。船と列車の往来を交互に分かち合う知恵の結晶はそのスケールから竣工当時、東洋一と称された。佐賀線の廃止に際し、地元の要望で解体を免れた筑後のシンボルは現役当時の姿で現在も昇降を繰り返している。

POINT

- 昇降する橋の変化を楽しめる、現存する最古の昇開橋。
- 戦前のトラス橋らしくおびただしい鋲をまとった美しい構造。
- 両岸には公園が整備され、遊歩道となった橋を散策できる。

1 上昇する橋桁
重さ48tの橋桁がモーター音とともに上昇すると20tのカウンターウエイトが降りてくる。

2 美しいトラスタワー
2本のタワーとワーレントラスの橋梁が安定感のある独特な風景を見せてくれる。

筑後川を跨いで向き合う福岡県大川市と佐賀県諸富町。このあたりは河口に近く、川幅が広い上に古くから漁船や運搬船の往来が激しかった。そのために橋を架けることが困難で、人びとは渡し船で川を渡っていた。国鉄佐賀線開業によって両岸の往来は可能になるが、設置される橋には列車と船の双方が通行可能な仕組みが必要となる。そこで考えられたのがエレベーターのように昇降する橋。506mに達する橋梁のうち、可動橋を挟む両側に46・8mのワーレントラスを設置。その内側に30mのタワーを立て、長さ24・2mの橋桁を昇降させる仕組みだ。荷重を支えるために橋の基礎は20mほどの深さに達する難工事だった。鉄道の廃止とともに撤去が計画されたが、地元の熱望によって動態保存。自治体の協力で財団が管理運営している。幸福な余生を送る昇開橋は、近代化のパワーを物語りながら地元の顔として愛されている。

87178349

■アクセス
・西鉄柳川駅から大川若津行きバスで約20分。若津下車。
・佐賀より柳川行きバスで約25分。
・九州道八女I.C.より車で約30分。長崎道佐賀大和I.C.より車で約35分。駐車場有り。
■昇開橋降下時間は9時～16時の毎時0分。上昇は同毎時35分。その間は歩行が可能となる。（月曜休業）
■問い合わせ
筑後川昇開橋観光財団　0944-87-9919

1

2

1

2

14 Konogawa Bridge

幸《こう》野《の》川《がわ》橋《きょう》梁《りょう》

■所在地—熊本県小国町大字北里字西村
■竣　工—1939年(昭和14年)
■設計者—鉄道省熊本建設事務所
■登録有形文化財、Aランク近代土木遺産

田園地帯にこつ然と現れるコンクリートアーチ

のどかな水田地帯を跨ぐコンクリートの大アーチが風景をグッと引き締める。その昔、熊本県肥後小国と大分県豊後森を結んだ宮原線は起伏に富む地形を橋梁と隧道で貫いていた。廃線後もいくつかのコンクリート橋が残っている。幸野川橋梁は連続するアーチが美しく高さがあり、周囲の景観と融合して独特の表情を見せてくれる。

農村風景と美林が連続する小国らしい風景の中にこつ然と現れる灰色のアーチ。高さがある6連のアーチ橋は中央の4つが直径20mの半円を描き、樅木川の清流や道路、水田を跨いでいる。アーチ直径の大きさでは線区でも最大で、そこから覗く周辺の緑とマッチして独特の景観を作りあげる。また、アーチ間の壁に小アーチを連続させ、あたかも「透かし」のようなデザインで見る者を飽きさせない。強度、工法上の機能とは無関係と思われ、農村を貫く構造物に美観を持たせた設計者の意図に感服する。橋上を列車が行き交うこともない今となっては論じても仕方がないが、黒川温泉をはじめ周辺の温泉地が脚光を浴びる今、幸野川以外にも多数の美しいアーチ橋を擁した宮原線が現存しないことは惜しまれる。せめてこうした美しい橋梁に再び活躍の機会を与えたいものである。

202174857

1 橋脚部の小アーチ
大アーチを支える太い橋脚に変化を付けるためだろうか、3連の透かしアーチが独特の表情を作る。
2 風景に溶け込む橋梁全景
橋の下を道路、樅木川が通る。現在、橋の上は通行できない。

■アクセス
小国町役場より車で約15分。
■専用の駐車場はない。橋脚には近づけるが付近は水田等があるのでマナーを守って見学したい。
■問い合わせ 小国ツーリズム協会（ゆうステーション）
0967-46-4111

P O I N T
● 緑美しい農村風景に見事に融合するコンクリート構造物。
● 延長112m、高さ25mの6連アーチ橋をくぐることができる。
● アーチリングは無筋、または竹筋コンクリートの2説があり、調査が続けられている。

15 Yabakei Bridge “Dutch Bridge”

耶《や》馬《ば》渓《けい》橋《ばし》

（通称 オランダ橋）

■所在地―大分県中津市本耶馬渓町曽木、樋田
■竣　工―1923年（大正12年）
■設計者―永松昇、岩渕万吉
■国指定重要文化財、Aランク近代土木遺産

どこまでも続く石造アーチの連続美

江戸時代、禅海和尚が掘り抜いた青の洞門で知られる本耶馬渓は風光明媚な渓谷の町。洞門の開通で山国川に沿った交通が確保されたのに対して、川の両岸を結ぶ往来は永年困難を極めた。大正期になってようやく建設された8連アーチの石橋は日本最長を誇り、変化に富む耶馬渓の眺めに人工のアクセントを加えている。

POINT

- 迫力ある日本最多の8連アーチ石橋は長さでも日本最長。
- 山国川の清流に映る勇姿を岸辺の橋脚の下から眺めることができる。
- 青の洞門から500mほど下流。耶馬渓の美しい景観とともに楽しめる。

1 規則正しく積まれた切石
下から眺めるとますます迫力がある。オランダ積みの語源は整然とした水平積みが長崎に多いからと伝える。

2 リズミカルな8連アーチ
全長116mの石橋は日本最長。現在も車で渡ることができる。

橋の風情は実に悠然としている。8つのアーチは径間13mと一定の大きさで連続し、全長116mの長大な橋を支える。建設にあたっては地元の共有林売却と県の予算が充てられ大正9年に着工。大正12年に完成を見た。アーチの大きさ形状ともに変化が無く、橋上の道路も平坦なために石橋特有の曲線美には乏しいが、100mを越す長さと8連のアーチはやはり見る者を圧倒する。九州の石橋造りの名匠岩永三五郎は流速を考慮し、川の中央部と両岸ではアーチ径に変化を与えるべきと示唆。耶馬渓橋にはそれが見られず、三五郎の理論とは異なる思想で設計されていることを指摘する研究者の声もある。大分県内だけでも500を越す石橋群。大正期の建造を考えるとそれもまた新しい試みだったのかも知れない。いずれにしても技術の粋を結集した最長の石橋である。

145275891

■アクセス
・JR中津駅より大分交通バス守実温泉行きにて約30分。下曽木バス停下車すぐ。
・大分道日田I.C.より国道212号経由約1時間20分。
■橋近くに駐車場有り。青の洞門まで徒歩5分。
■河岸の橋脚下まで降りることができるがあくまで水辺なので安全に留意したい。
■問い合わせ
本耶馬渓支所観光商工係　0979-52-2211

16 Dejima Bridge

出《で》島《じま》橋《ばし》

■所在地―長崎県長崎市出島町、江戸町
■竣　工―1890年（明治23年）
■架設監督―技師　岡　実康
■選奨土木遺産

1

歴史の舞台、出島の傍らにたたずむスリムな現役トラス

現役の道路橋としては日本最古の鉄製橋梁がオランダ商館跡で有名な史跡「出島」の傍らで頑張っている。スリムな鋼材とシンプルなトラスが特徴的で、唐草模様の装飾や縁起の良い蝙蝠型の銘板が誇らしげに行き交う人と車を見おろす。アメリカ製の鋼材を使い先端技術で架橋された橋。出島とともに未来に継承したい遺産である。

POINT

- 出島からも眺められるスマートなトラスの表情。色もまた、心地よい。
- 両端のトラス上部につけられた蝙蝠型の銘板が渋く、左右の唐草模様の装飾が粋である。
- 現役最古の供用鉄橋であり、115年を経てなお使用に耐える材質や構造は今後の研究課題でもある。

もともと、中島川の河口に新川口橋として架けられた橋である。鉄材をアメリカから輸入し、ボルトを使ってピン結合したプラット・トラス橋が組み立てられたのは明治23年。その後、明治43年に現在の場所に移動され出島橋と改称。この位置には以前、木と鉄を混用したトラス橋が架かっていたが、その老朽化によって新川口橋が移設されたという。現在も自動車、歩行者が絶え間なく通る、我が国最古の現役鉄橋である。史跡として復元が進む出島から見るとこの橋のスマートさが良くわかる。細い鋼材がバランス良く組まれたトラス。細部に装飾を施し、歴史的環境に違和感無く溶け込む姿はまさに出島のもう一つの顔なのだ。もちろん、橋の上から望む扇形の出島もまた独特の風情を見せる。史跡とともにある明治の橋。出島観光のついでに渡ってみるのも面白い。

44240755

■アクセス
・空港バス、長崎バス中央橋行き等にて中央橋下車。徒歩1分。
・JR長崎駅から路面電車正覚寺行きにて約5分。出島または築町下車。徒歩3分。
■周辺に有料駐車場多数有り。
■交通量が多いので注意して見学したい。

■問い合わせ
長崎市観光課　0958-25-5151
長崎市観光協会　0958-23-7423
長崎県観光連盟　0958-26-9407

1 トラス上部の装飾／黒地の蝙蝠に浮かび上がる出島橋の文字が誇らしい。
2 出島橋の全容／出島の環境に合う美麗な橋は全長約37m。行き交う車や歩行者も多い。

17 Osuzu Bridge

尾《お》鈴《すず》橋《ばし》

■所在地―宮崎県木城町大字中之又、日向市東郷町下三ケ
■竣　工―1950年（昭和25年）
■製　作―株式会社 横河橋梁製作所

爬虫類の骨格を思わせるユニークなトラス橋

ダム湖を跨ぐ深紅の橋は恐竜の骨に例えられる。戦後間もない昭和25年に竣工したこの橋は独特のカーブを描くアーチで支えられ、崩れやすい絶壁に踏ん張っている。湖面に映る姿が美しく、珍しい形の橋。戦後の復興期に架けられた橋ながら、どことなく優雅で心地よく、当時の先端技術をうかがい知ることができる。

POINT

● 独特のトラス組みで構成されたアーチが流麗なカーブを描く。
● 斜め横から見るとアーチを支えるコンクリートの橋台が珍しい構造をしていることもわかる。
● ダム湖の周辺は静かで緑に包まれ、湖面に映り込む赤い橋が美しい。

1 湖面から仰ぎ見る尾鈴橋
水面付近から見ると尾鈴橋の複雑な構造がよく理解できる。

2 独特なカーブを描くアーチ
橋の構造が生み出すカーブは芸術的な美しさを醸し出す。

木城町と東郷町の間に架かる尾鈴橋は、小丸川をせき止める松尾ダムの設置に伴って建設された。着工は昭和21年。同25年に竣工を見ている。橋の形式は中路ブレーストリブ・タイドアーチ。複雑なトラス組みのアーチが支え合いながら通路を抱えるイメージは頑強であるが、ゆるやかなカーブがこの橋を美しく見せている。おびただしい数のリベットが橋の年齢を物語るものの、今なお頼もしい風情はよく言われるように恐竜の骨格のようだ。橋には陽刻の銘板が付けられている。「昭和25年（1950）宮崎懸建造　内示（昭和14年）二等橋　製作株式会社　横河橋梁製作所」とある。戦後の混乱期を乗り越えて新しい日本を築く意気込みが、宮崎の山間部にまで先端技術の結晶をもたらしている。訪れる人も少ないダム湖の傍らで、静かに時を見送る赤い橋である。

501208804

■アクセス

・国道10号高鍋市街地より県道19号（石河内高城高鍋線）経由で石河内に至り、県道22号を小丸川に沿って北上。松尾ダムからさらに2kmほど進む。高鍋町より約1時間30分。県道22号はカーブが多く道も狭いので注意が必要。

・日向市より国道327号を西へ進み、道の駅「とうごう」で左折。国道446号に入り約15km、児洗三叉路を左折、県道22号に入り、約5km。日向市より約50分。

・JR日向市駅東口より宮交バス神門または中山行きにて約53分、児洗下車。県道22号に入り徒歩約1時間。

■駐車場はない。通行の妨げにならぬよう駐車して見学したい。

■橋の下はダム湖のため橋台付近への立ち入りは不可。

■問い合わせ

木城町役場 0983-32-2211　東郷町役場 0982-69-2111（いずれも代表）

18 Reidai Bridge

霊《れい》台《だい》橋《きょう》

■所在地—熊本県美里町清水、豊富
■竣　工—1847年（弘化4年）
■国指定重要文化財
■全長89・8m、径間27・5mを計る日本最大級の単アーチ橋

曲線の美学を昇華させた石工たちの技の賜物

切石を積み上げた大きなアーチ1個で深い谷をひと跨ぎ。まさに壮観である。石橋造りをめぐる肥後の技術が集大成した霊台橋。日本でも最大級のアーチ橋だから石工たちの緊張は想像に難くない。だが完成以来160年を迎えようとする現在もビクともしない。どの角度からどんな天気に見てもその機能美が薄れない名橋である。

1 独自の曲線
橋の強度を考えた曲線は模型を使った設計で生まれたという。
2 切り立つ側壁
ほぼ垂直に立つ側壁は足元をおびただしい数の石積みで固めている。

■アクセス
・熊本交通センターから熊本バス矢部行きにて約1時間15分、霊台橋下車。
・九州道松橋I.C.より国道218号を矢部町方向へ約30分。
■駐車場有り。
■霊台橋は徒歩で渡ることができる。高欄は高くないので安全に注意して見学したい。
■問い合わせ
美里町企画観光課 0964-47-1111

291466116

POINT

● 種山石工の技術の粋を見せつける美しいアーチ石積み。
● 大正、昭和期の橋を除けば日本一の径間を誇る単アーチ石橋。
● この橋が後世の近代日本における石橋架橋に大きな自信を与え、常にお手本とされた。

以前は国道。昭和41年までは自動車も渡っていたというのだから驚く。その堅牢さとは裏腹に橋の曲線美は見る者を圧倒する。アーチリングの円弧はコンパスで描いたかのように正確に渓谷を切り抜き、これに沿って橋上の道もゆるやかに弧を描いているのだ。現代工学でも恐らくお墨付きをいただくであろう必然の機能美。これを作り上げたのは肥後の優秀な石工集団「種山石工」たち（卯助・宇一・丈八ら）であった。だが、それまで洪水で流され続けた木製の橋を改め、石の眼鏡橋建造に尽力した惣庄屋の篠原善兵衛や、石をアーチ状に並べるための型枠造り（支保工）に腕を振るった大工たち（棟梁万助・伴七ら）の情熱も忘れてはならない。しかも彼らはこの橋を約7ヶ月で作り上げたという。日本最大級の単アーチ石橋に、道行く旅人は今日も感嘆の声を上げるのだ。

1

19 Todoro Bridge, Deai Bridge

轟《とどろ》橋《ばし》・出《で》合《あい》橋《ばし》

■所在地―大分県豊後大野市清川町左右知

■竣　工―轟橋／1934年（昭和9年）
出合橋／1925年（大正14年）

■Aランク近代土木遺産

驚異のロングスパン・アーチが空を跨ぐ

垂直にそびえる橋脚の左右に大きく描かれるアーチ。その半円の中にこれまた大きな円弧が覗いている。昭和に入っても石橋が架けられた豊の国。豊富な石と匠たちの技がそれを支えていた。アーチ幅日本一の石橋が里の渓谷に並んでいる。さあ、目がくらむほどの高さから見おろすべきか、澄んだ水面から見上げるべきか。

POINT

- わずか80mの距離に日本一、二位のロングスパン・アーチを持つ石橋が並ぶ。
- 高さ日本一の轟橋は橋の上から見ても下から見ても壮観。
- 規則正しく緻密に積み上げられた布目積みの切石。

1 2 ロングスパン・アーチ
絶壁の火山岩を足場に長いアーチが渡る。
（1 轟橋 2 出合橋）

3 2大石造アーチを望む
巨大なアーチが渓谷を渡る。轟橋は昭和35年頃まで木材を満載したトロッコが渡っていた。

3

2

宮崎との県境、祖母山と傾山を結ぶ尾根は分水嶺である。ここから北に落ちた水は阿蘇火山のもたらした溶岩の地層を削り、奥嶽川の渓谷を削り上げた。その流れを渡るために造られたのが轟橋と出合橋。もともと轟橋は営林署の軌道用に架設された鉄道橋である。大小2つのアーチは水面からの高さ27mに達し、日本一を誇る。径間は大きな方のアーチで32・1m、小さな方でも26・2mを計り、日本の石橋の中で最も広いスパン。すぐ下流に架かる出合橋は径間29・3mでこちらは日本2位。元来道路橋として造られた橋では日本一である。山懐に抱かれた渓谷を訪れる人は殆どいない。柱状節理の絶壁を渡る日本一の石橋が2つ。澄んだ水に映る美しさもさることながら、アーチが空を駆け対岸に伸びる姿にはまさに近代石橋のワザの頂点を見せつけられる感がある。

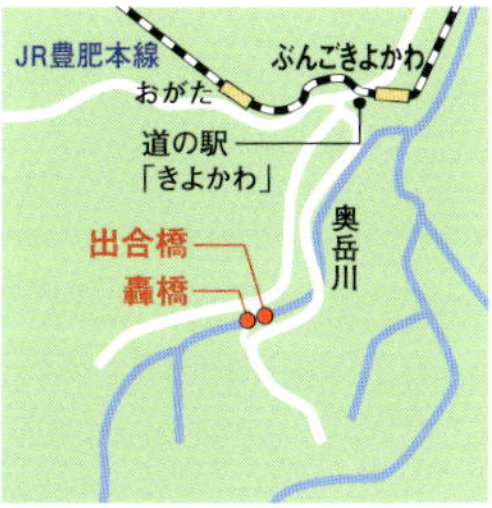

轟橋 685598210
出合橋 685598152

■**アクセス** 竹田市からは国道502号で大分方向へ約20分。大分道からは大分米良I.C.より国道10号経由、犬飼にて国道326号へ。国道502号に合流し竹田市方向へ約1時間で道の駅「きよかわ」着。県道410号にて約15分で橋に至るが、道の駅「きよかわ」にて情報を得ることをおすすめしたい。
■轟橋のたもとに駐車場有り。
■橋の上、下ともに危険を伴うので十分注意して見学したい。
■**問い合わせ**
豊後大野市清川支所 0974-35-2111
道の駅「きよかわ」 0974-35-2117

20 Saikai Bridge

西《さい》海《かい》橋《ばし》

■所在地―長崎県佐世保市針尾東町、西海市西彼町小迎郷
■竣　工―1955年（昭和30年）
■設計者―吉田巖
■設計・工事責任者―伊之浦橋（後の西海橋）工事事務所長　村上永一
■全長316m、アーチ径間216m
海面高約43m、日本初の有料道路橋
■国指定重要文化財

長大橋時代のさきがけとなった放物線が渦潮を渡る

激しく渦巻く潮流を跨ぐ放物線。竣工当時東洋一、世界第3位の固定アーチ橋だった西海橋は若手技術者たちの熱意で繋いだ夢の架け橋。半世紀を経ても西海橋を越える美しい橋はなかなか生まれない。戦争によって発揮できなかった技術者魂を存分に発揮し、困窮の中にも最高の結晶を見た記念碑的橋梁。まさに九州の宝である。

POINT

● 急流を跨ぐ銀色のアーチはトラス構造で美しいカーブを描く。
● 橋の上から見ても、下から見ても非の打ち所のないバランスの良いデザイン。
● 優れた架橋技術はその後の日本の長大橋に大きな影響を与えた。

大村湾と外海を結ぶ伊之浦海峡は激流で知られる。大潮の時には急流の川をもしのぐ流れが生じ、渦潮が牙を剥く。西彼杵半島は長い間、陸の孤島と化していた。ここに橋が架かれば佐世保方面と長崎市の最短ルートが誕生する。計画は戦時下で中断を余儀なくされるが、昭和25年になって息を吹き返す。抜擢されたのは若き土木技師たち。経験の浅い彼らは創意工夫のもと、新しい工法を意欲的に取り入れてアーチを繋いでゆく。ついに昭和30年、ブレーストリブアーチの繊細な骨組みが流麗な放物線を描く西海橋が竣工する。デザインを含めて、現場で闘うエンジニアたちにすべてを託す戦後の気風が世界に名を馳せる名橋を産んだ。西海橋の成功によって日本は長大橋の時代を迎える。架橋現場には西海橋に若き命を燃やした技術者たちの自信に満ちた顔があった。

1 上路ブレーストリブ・タイドアーチの美学
細い骨組みが繊細に組み合わされ、海を渡る姿は息を飲むほどの美しさ。
■周囲の景観と調和させる美学
巨大な人工構造物が美しい自然景観に融合し、新しい環境を生み出している。

307166876

■アクセス
・佐世保バスセンターより西肥バス西海橋コラソンホテル行きまたは西海橋西口行きにて約40分、西海橋東口下車
・長崎駅より長崎県営バスまたは長崎バス佐世保方面行きにて約1時間10分、西海橋西口、西海橋東口下車。
・JRハウステンボス駅下車。タクシーにて約15分。
・西九州自動車道大塔I.C.より国道205号へ。江上交差点を右折、国道202号を直進。大塔より約30分。
■橋の両岸に駐車場やトイレ、公園有り。
■高い橋梁のため安全に見学したい。橋台付近に降りることも可能だが水辺では十分な注意が必要。

■問い合わせ
西海橋観光協会　0956-58-5050
西海橋公園管理事務所　0956-58-2004

1

1

21 Shiomi Bridge

潮《しお》見《み》橋《ばし》

■所在地—鹿児島県鹿児島市谷山中央3、谷山塩屋町
■この遺産は既に解体撤去されました。
■竣　工—1890年（明治23年）
■設計者—石工ともに不詳
■Aランク近代土木遺産
■2006年に解体撤去

南国の赤い凝灰岩を組み上げた重心の低い名橋

石橋の文化は薩摩の地にも花開いていた。かつて、鹿児島市の中心部を流れる甲突川、稲荷川には胸を張って渡りたくなるほどの美麗な石橋群が連なっていた。そして市街地南部に今も残る凝灰岩のアーチ橋。規模は小さくとも薩摩の石橋らしいどっしりとした構え。独特の赤い灰石。桜島を望むアーチを子どもたちが駆けてゆく。

POINT

● 柔らかい凝灰岩の特性を活かして削り出された水流をなじませる曲線の水切り。
● 低重心な3つのアーチはそれぞれ径間が異なる緻密な設計。これも三五郎が常々説いていた哲学。
● 美しい高欄も残り、橋の程度も良く地元の人びとにも親しまれている。

鹿児島に名だたる石橋群を残した岩永三五郎は肥後の種山石工を代表する名工。流域を踏査した彼は言い残している。上流には木を植える。下流は常に土砂を浚う。低地があればそのまま残し、川が擁しきれなくなった水を逃すよう指示したという。遺訓は現代に活かされなかった。日本の歴史的名橋となり得た4連、5連の石橋群は今、人びとの記憶の彼方に遠ざかっている。肥後や豊後の石橋より重心が低く安定感のあるアーチ。地元の凝灰岩の特製を活かし、美しく築きあげた曲線。薩摩の石橋は年とともに失われている。鹿児島市の南部にひとつ、あの甲突川の石橋を彷彿とさせる3連アーチがあった。設計者も石工も記録にないが、まさしく三五郎の哲学を踏襲した橋に見える。土砂を浚い、手入れすることの大切さまで、次の世代に伝えたい薩摩らしい橋である。

393332370

■アクセス

・JR指宿枕崎線谷山駅または鹿児島市電谷山電停より国道225沿いに南へ徒歩約10分。タクシーで2分。
・国道225号線谷山港入口交差点を南方向の細い路地へ入りすぐ。

■参考になる施設

鹿児島県立石橋記念館　鹿児島市浜町　099-248-6661

1 脚線美を醸し出す水切り／流体力学の理にかなった美しい水切りが橋脚の替わりに2重アーチの足元を押さえる。
■ 薩摩の赤石が映える／溶結凝灰岩は火山の賜物。薩摩の文化を形成する素材の一つである。

22 Former Kyushu Railway Company Chaya-machi Bridge, Ogura Bridge

九州鉄道《きゅうしゅうてつどう》 茶屋町橋梁《ちゃやまちきょうりょう》 尾倉橋梁《おぐらきょうりょう》

■所在地―茶屋町橋梁／福岡県北九州市八幡東区茶屋町4番茶屋町緑地
尾倉橋梁／福岡県北九州市八幡東区尾倉1
■竣　工―1891年（明治24年）
■設計者―不詳
■茶屋町橋梁／市指定史跡、Bランク近代土木遺産
尾倉橋梁／Cランク近代土木遺産

鉄路を支える煉瓦塊に近代化の誇りを見る

九州初の鉄道が開通したのは明治22年。その2年後に開通した大蔵線の橋梁である。西洋の技術で築き上げられた煉瓦の鉄道橋は目立たぬものの九州の交通近代化を象徴する記念碑的存在なのだ。史跡として残される茶屋町橋梁。対して尾倉橋梁は現在も道路や建物が上に乗り、アーチを人車がくぐる街の風景の一部となっている。

POINT

● イギリス積みと呼ばれる長手面と小口面が交互に連なって見える煉瓦積み。
● 片面に施された煉瓦の突出模様。独特の美しさを醸し出している。
● 茶屋町橋梁は史跡公園化。川から見上げることもできる。尾倉橋梁は街に溶け込んでいる。

茶屋町橋梁や尾倉橋梁を通過する大蔵線は明治24年4月に開通している。小倉（現在の西小倉駅）から黒崎まで軍事的に危険な海岸部を通らない幹線であった。2つの橋梁は九州の鉄道草創期の遺跡として貴重である。橋はイギリス積みの煉瓦で造られているが、河川に架かる部分は花崗岩積みでアーチを支える。特徴は片側の壁面に残されたスリット状の煉瓦の突き出し。5段に積んでこしらえたアーチ部でも市松状に煉瓦に凹凸を付け、スパンドレル（壁面）部では水平方向にスリットのように凹凸が付けられる。これは将来的な複線化を見込んで、橋を拡幅する際に継ぎ足しの煉瓦を噛み込ませ、強度を増すための工夫だという説もある。結局単線のまま推移してやがて海側の戸畑線（現鹿児島本線）に幹線を譲り、大蔵線は明治44年9月に短い生涯を閉じたのである。

■アクセス
茶屋町橋梁
・JR八幡駅より西鉄バス43系統にて約20分。昭和三バス停下車、徒歩1分。
・JR小倉駅より西鉄バス43系統にて約20分。昭和三バス停下車、徒歩1分。
尾倉橋梁
・北九州都市高速大谷出入口より北へ。八幡東署前交差点左折約200mの皿倉小で右折すぐ。
・JR黒崎駅より西鉄バス98,40系統にて約14分。皿倉小学校下車徒歩1分。

16396282

16401799

■茶屋町橋梁は公園化。尾倉橋梁は付近に駐車場なし。
■尾倉橋梁は生活道路なのでマナーを守り安全に注意して見学したい。
■両橋梁とも付近に解説有り。

1 2 茶屋町橋梁、アーチ部の凹凸模様／五段に積んだ煉瓦のアーチが橋を支える。市松模様の凹凸が美しい。

3 4 尾倉橋梁／見落としてしまうほど街に溶け込んで利用されている。こちらも片面に凹凸が残る。

4

3

23 Heisei Chikuho Railway Uchida Three-arched Bridge

平《へい》成《せい》筑《ちく》豊《ほう》鉄《てつ》道《どう》 内《うち》田《だ》三《さん》連《れん》橋《きょう》梁《りょう》（みつあんきょ）

■所在地―福岡県赤村大字内田1804・1、他
■竣　工―1895年（明治28年）
■設計者―不詳
■登録有形文化財、Aランク近代土木遺産

筑豊を支えた鉄路の3連アーチが緑に映える

今は昔。のどかな水田を行く鉄路は筑豊炭田の豊富な石炭と石灰石の輸送に大きな役割を果たしていた。田川方面から登ってくる貨物列車は3両もの蒸気機関車で延々と続く貨車を牽引していたという。国策として筑豊を網の目のように駆け巡った鉄道網。その最も古い痕跡である煉瓦の橋は幸いなことに現役で頑張っている。

2

1

1 3 切石積みの壁面
内部のアーチは煉瓦積みであるにも関わらず、片方の壁面はアーチ部まで切石で化粧を施されている。

2 4 5 凹凸が美しい煉瓦橋梁
足元は切石でがっちりと固め、アーチを煉瓦で組む。壁の片面は凹凸のある煉瓦が規則的な美しさを見せる。

5

POINT

● 橋の片面はイギリス積みの煉瓦壁。もう片方は切石積みの壁で、まったく異なる表情を見せる。
● ここでも煉瓦の突き出しによってアーチ部を市松模様に、壁面を水平スリット状にデザインしている。
● 3連アーチのうち中央部は川を跨ぎ、左右は道路。時折、上を平成筑豊鉄道のディーゼルが通る。

明治28年。豊州鉄道株式会社は炭鉱町伊田と海に近い行橋を結ぶ鉄道を開業した。明治34年には合併によって九州鉄道に、40年には国鉄に編入されて筑豊の石炭、石灰石の運搬に活躍。いわゆる田川線である。昭和62年の民営化によって九州旅客鉄道の保有線となったが、平成元年から伊田線・田川線・糸田線をまとめて平成筑豊鉄道が経営し現在に至る。明治期、エネルギー源輸送の重責を担う鉄道には相応の規格が採用された。この路線には頑強な煉瓦橋梁や長いホームを持つ駅、壮大な築堤、複線化を見込んだ流麗な石坂トンネルなどが残る。前出の茶屋町橋梁などと酷似する煉瓦の突き出しによる凹凸。片面煉瓦、片面切石積みであることも面白い。

96464068

■アクセス

・平成筑豊鉄道田川線内田駅より県道418号に沿って南へ徒歩約15分。
・JR田川後藤寺駅または田川伊田駅より添田交通バス12系統津野支所・山口橋行きにて焼面バス停下車。徒歩すぐ。

■現役鉄道橋なので橋上に上がることは厳禁。周囲から見学したい。

■特に駐車スペースはない。付近は農地なので地元交通を妨げないよう注意して見学したい。

■問い合わせ

赤村教育委員会 0947-62-3000
平成筑豊鉄道株式会社 0947-22-1000

産業｜交通運輸建造物

24 JR Kyushu First Kumagawa Bridge

JR《じぇいあーる》九州《きゅうしゅう》 第《だい》一《いち》球《く》磨《ま》川《がわ》橋《きょう》梁《りょう》

1

2

■所在地―熊本県八代市坂本町大字鎌瀬 大字川嶽
■竣　工―1908年（明治41年）
■設計者―Cooper，Schneider
■製　作―2連のトラス部は AMERICAN BRIDGE Co.
■Bランク近代土木遺産

翡翠のような球磨川に影を落とす アメリカン・アーチの幾何学模様

急激に蛇行を繰り返す球磨川に沿って列車が行く。右岸から左岸へ、隧道を抜けてまた右岸へ。起伏に富んだ地形をものともしない明治の軌道。川を斜めに渡るトラス橋が水面に映り、石と煉瓦の橋脚がそれを揺らす。球磨の渓谷を行く列車たちを見守ってきたアメリカ生まれの鉄橋。この地に腰を据えてからまもなく100年を迎える。

POINT

●ピンで結合されたトランケート（切り詰め）トラス橋はとても珍しい。
●トラス部に"1906 AMERICAN BRIDGE CO NEWYORK U.S.A"と刻印が施されている。
●球磨川の流れに逆らわない橋脚は橋台部が煉瓦、橋脚部は切石積みによって造られている。

九州の鉄道はドイツ方式だという。確かにドイツ人技師ヘルマン・ルムシュッテルの指導により、九州の鉄道網整備にはドイツのテクノロジーが採用された。しかし後年になって官設で整備された八代より南の路線ではアメリカの技術が多用される。この橋梁はクーパー、シュナイダーが設計し、アメリカンブリッジ社が製作。ピン結合方式のトラス橋で、トランケート（切り詰め）式と呼ばれ、斜角がついて斜めに川を渡っている。このような方式の橋は全国的にも極めて稀で、厳しい自然地形を走破する肥薩線に投じられた当時の技術を思わせる。海外からの技術導入を象徴する美しいトラス橋は2020年の豪雨によって流失。上流の第二球磨川橋梁も被災し、甚大な被害を受けた肥薩線は今、存亡の危機にある。国家の威信をかけた鉄路の価値はそれでも後世に伝えるべきものである。

1 3 2連アーチと3連のプレートガーター
すべての橋桁は橋脚上で斜めに繋がれている。石積みの橋脚がそれを支える。

2 明治39年にアメリカで製造のトラス
川に平行に立てられた橋脚に60度の角度で橋がかかる。斜めに切り詰められた端の部分も珍しい形。

536484240

■アクセス
・JR肥薩線鎌瀬駅下車。徒歩5分。
・九州道八代JCT.より国道3号を南下。国道219号に入り約30分。

25 Kamoto Railway Kikuchi River Bridge

鹿《か》本《もと》鉄《てつ》道《どう》菊《きく》池《ち》川《がわ》橋《きょう》梁《りょう》

■所在地―熊本県山鹿市鹿本町梶屋
■竣　工―1890年（明治23年）
■設計者―大分県土木技手（技師）小野安夫
■ドイツ方式を採用した九州鉄道が最初に架橋したために橋もドイツ製。製作したUNION社はレールメーカーとしても有名でJR鹿児島本線鳥栖駅のホーム支柱にはUNION製明治22年のレールも利用されている。九州鉄道開業時に同社の製品を多く輸入したことがわかる。
■鹿本鉄道は山鹿温泉鉄道とも呼ばれ、親しまれていた。廃線路はサイクリングロードとなっている。

九州初の鉄道用トラス橋が静かに眠る

時の重みを感じさせる錆色の鉄橋。九州で初めて列車を渡したトラス橋である。当初架橋されたのは筑後川。重厚なトラスは九州における鉄道の父、ドイツ人技師ルムシュッテルが用意したドイツ製である。彼も目を細めながらこの橋を撫でたに違いない。今は断片をとどめるのみだが、この橋はまさに鉄道開業の記念碑なのである。

残されているのはほんの一部。千歳川すなわち現在の筑後川に架かっていた時には9連の壮大な鉄橋だった。九州鉄道が官営に変わり、機関車が大型化されて役目を終えた千歳川橋梁は折しも民営で開業を目指していた鹿本鉄道に再利用される形となり、4連のトラス橋に姿を変えて菊池川を渡ったのである。戦後は度重なる水害に見舞われ、ついに運行不能となり昭和40年に廃業した。九州の鉄道誕生を知る記念すべき橋梁はたった1つのトラスのみが姿をとどめ、中央部のパネルを抜き取った短い姿で保存されているのだ。筑後川を見下ろしていた頃の勇姿は想像もできないが、錆びてなお威厳を保ち、大きなリベットが力強さを主張する。九州に初めて響いた汽笛を聞き、ルムシュッテルや沿線の人びとの歓声を知る老橋は今、静かに菊池川支流の河畔で眠っている。

POINT

●ドイツ、ドルトムントのUNION（ウニオン）社製のピン結合ポニープラットトラス。
●橋の上、横、下からじっくり観察でき、トラスの構造もよく理解できる。
●九州で最も古い記念碑的な鉄道橋である。

1 小さくとも頑強な構造／橋に近づいてみるとピン結合の構造がよくわかる。

175225896

■アクセス
・九州道菊水I.C.より県道16号にて山鹿市へ。国道3号を横切り、国道325号にて鹿本方面へ約25分。「水辺プラザかもと」横。
・土、日、祝日は熊本交通センターより熊本電鉄バス「水辺プラザかもと経由あんずの丘 行き」が出る。
■水辺プラザかもとに隣接するので広い駐車場がある。
■公園整備され解説板もあって見学には最適。歩いて渡ることもできる。

1

産業｜交通運輸建造物

26 Minami Aso Railway Tateno Bridge

南《みなみ》阿《あ》蘇《そ》鉄《てつ》道《どう》 立《たて》野《の》橋《きょう》梁《りょう》

■所在地—熊本県南阿蘇村大字立野

■竣　工—1928年（昭和3年）

■設計者—鐵道省大臣官房研究所

■製　造—横河橋梁製作所大阪工場大正14年
鋼材／八幡製鐵所
（いずれも橋本体のプレートに記載）

■Bランク近代土木遺産

急斜面を行く鉄路を支え、踏ん張る鉄の橋脚

赤茶色の細い鉄骨が斜面にヤグラを結ぶ。天を駆けるように伸びる軌道。眼下に激流が牙を剥き、阿蘇外輪山唯一の切れ目を列車が走り抜けてゆく。日本でも極めて珍しいトレッスル橋脚。九州最大級の渓谷を渡るトロッコ列車から黄色い歓声が洩れる。阿蘇観光の玄関口にふさわしい大パノラマがここにある。

POINT

- 橋の下に道路があり、近づいて観察できる。
- 立野駅から伸びる道路が併走し、橋全体を見下ろすこともできる。
- 南阿蘇鉄道のトロッコ列車に乗れば立野駅を出てすぐにここを渡る。

橋脚は厳しい斜面を抱き込むように立てられている。鋼製トレッスル脚と呼ばれるこのような橋脚を持つ橋は全国にもあまり例がない。有名なのは山陰本線にある明治45年竣工の「餘部（あまるべ）鉄橋」。11本の橋脚が300mの谷を渡る姿は壮観で、明治期の大事業として語り継がれている。これに対して立野橋梁のトレッスル橋脚は3基のみ。残りの橋脚はコンクリート製で、起伏が激しいために谷の深い部分だけに鋼脚を採用したことがわかる。餘部鉄橋の橋脚が高さ約41mであるのに対し、立野の場合は34m。橋の下を発電用の水管がくぐり、列車から見下ろす渓谷は圧巻である。鋼材を注意深く観察すると八幡製鉄所の文字がローマ字で浮き上がる。まさに九州の橋。アメリカン・ブリッジ社から購入した餘部鉄橋などの技術を国産で表現したことがわかる。

1 独特な雰囲気のあるトレッスル橋脚
もともとアメリカで多用された深い谷を渡るための橋脚。木材で組まれていた頃の雰囲気を残す基本構造だと言われる。九州ではここにしかない。

2 トロッコ列車で渡る
特に夏場は人気の高い南阿蘇鉄道のトロッコ列車。立野駅を出発していきなりの大パノラマである。

3 立野渓谷を駆ける
まさに天を駆けるように橋桁が伸びる。トレッスル橋としては全国3位の長さ約139mを誇る。

480731682

■アクセス
・JR豊肥本線立野駅下車。徒歩5分。
・国道57号を熊本市より阿蘇方面へ。立野駅を目標に右折すぐ。
■現役鉄道施設のため軌道内への立ち入りは厳禁。安全に見学したい。
■駐車スペースはない。周辺に駐車する際はマナーを守りたい。

産業｜交通運輸建造物

27 Minami Aso Railway First Shirakawa Bridge

南《みなみ》阿《あ》蘇《そ》鉄《てつ》道《どう》 第《だい》一《いち》白《しら》川《かわ》橋《きょう》梁《りょう》

■所在地―熊本県南阿蘇村大字立野、大津町大字外牧

■竣　工―1928年（昭和3年）

■設計者―鐵道省内閣大臣官房研究所

■製　造―大阪汽車製造株式會社（本体プレートには日本○○株式会社の刻印を見る）
鋼材／八幡製鐵所

■熊本地震で被災のため旧態に近い形で架け替え

1

2

絶壁を結ぶ驚異のアーチ橋を風が吹き抜ける

目に染みるほどの濃い緑。原生林が残るのはあまりに険しい絶壁であるためだろう。阿蘇が削り上げた火山岩の渓谷に赤茶色のアーチが浮かび上がる。谷間にこだまする汽笛。列車の旅を演出するパノラマとしては最大級である。支える橋梁は日本初のアーチ橋。自国の技術で歩み始めた頃の鉄道の匂いが阿蘇の大渓谷に残っている。

POINT

- ● 阿蘇白川の渓谷美と溶け合う絶妙なアーチの美しさ。
- ● 南阿蘇鉄道トロッコ列車の最大の見せ場でもある。トンネルを出た瞬間にため息が洩れる。
- ● 先に完成した立野橋梁にレールを敷設して材料を運搬。まさに兄弟橋である。

日本国有鉄道最初の鋼製アーチ橋である。しかもその工法に鋼製のデリック・クレーンを使った張り出し工法を採用。これらも日本初の試みであった。カンチレバー・エレクションと呼ばれるこの張り出し工法は渓谷の左右から構造を少しずつ張り出し、最後に中央部を閉合する。初めての工法にも関わらず数センチの誤差で結合したと伝える。全長153m、中央支間長（中央アーチ部基礎の間隔）は91・4m。高さに至っては約62mと、同じ九州内の高千穂橋梁が完成するまでは日本一の高さを誇っていた。実際に渓谷に近づいてみると、その険しさと深さに驚嘆せざるを得ない。足場一つ組むいとまが無い程に切り立った絶壁である。かつて日本一だったその高さもさることながら、国鉄初のアーチ橋がいかに美しく、頼もしく造られているかをじっくり眺めていただきたい。

1 2 3 トロッコ列車で行く／両側がトンネルの第一白川橋梁。暗闇から開放された途端に現れる空中の車窓に息を飲む。
4 2ヒンジ・スパンドレル・ブレースト・バランスドアーチ／構造がもたらす機能美の極地である。
■ 鋼材とリベット／使われた鋼材の総重量は約650t。リベット（鋲）の数は4万本に達した。

480733302

■アクセス
・橋梁近くへのアクセスは不可能。
・橋梁は南阿蘇鉄道に乗車すれば上から見ることができる。
・自動車での見学は近くの道路橋から（地図参照）。
■ 近くの道路橋からの場合も、列車の上から見る場合も安全に見学したい。
■ 展望可能な道路橋にはたもとに駐車場有り。

28 JR Kyushu Kumamoto Station Engine Shed, Water Tower & Turntable

JR《じぇいあーる》九《きゅう》州《しゅう》熊《くま》本《もと》機《き》関《かん》車《しゃ》庫《こ》2号《ごう》・給《きゅう》水《すい》塔《とう》・転《てん》車《しゃ》台《だい》

- 所在地―熊本県熊本市春日3・15・1
- 竣　工―車庫／1914年（大正3年）
- 設計者―不詳
- これら一連の遺産は既に解体撤去されました。
- 車庫／Bランク近代土木遺産
- 給水塔／Cランク近代土木遺産

 ■堅牢で美しい煉瓦機関車庫／細部に頑強さを保つさまざまな工夫が見られる。特にアーチ構造が美しい。

レンガ造りの車庫と鉄道草創期の施設が旅人のこころに映る

誇りに満ちている。鉄道の持つ独特の哀愁と旅情を旅人の目に焼き付ける現役機関車庫。蒸気機関車もディーゼルも、整備を受けて誇らしげにアーチから出てくる。丁寧なレンガ積みも、美しい小屋組みも、時代を超えて大切に守られるべき運輸産業の精神を物語っているのだ。未来の旅人たちに伝えたい巻物のような建物である。

POINT

- 精緻なオランダ積みの赤煉瓦でがっしりと作られた機関車庫。
- 蒸気機関車時代を彷彿とさせる巨大な給水塔が風景にアクセントを与える。
- 機関車を回転させる転車台は現役。戦前から稼働するその構造も面白い。

新しい旅とは何だろう。時代は単純な速さや便利さを超える楽しさ、豊かさを求めている。新幹線の旅にさえ、心地よさや地域の薫りが求められる。熊本駅で列車を待つ人々が心温められるシーンがあるとしたらそれはこのレンガ建物であろう。まさに名所であり地元の人びとには故郷の風景なのだ。入口アーチに要石、妻側には階段状の飾りを施す。建具も規則的で美しい。内部は繊細な鉄製フィンクトラスで小屋組みがなされるが、連続する車庫には木製の複雑な構造もある。さらに連続して継ぎ足された車庫にはレールによる骨組みがあり、レールにCARNEGIE 1898 ET※の刻印が見える。煉瓦造りの給水塔や転車台も戦前のもの。価値は高い。ヨーロッパではこうした特に美しい産業遺産を新しくモダンな施設に取り込んで活用する取り組みが盛んに行われている。

29427325

■アクセス
・JR熊本駅構内。博多からJR特急にて約1時間15分。
・九州道熊本I.C.または益城熊本空港I.C.より熊本市街地を目指し約20分。

1 2 3 煉瓦給水塔
煉瓦造りの円筒に鉄製のタンクが載る。タンク自体もリベット接合で八角屋根を被る。

4 5 転車台
構造はシンプル。最近ではなかなか見られない施設だが現役。これも戦前の建造である。

＊これら一連の遺産は既に解体撤去されました。

※CARNEGIE 1898 ET：カーネギー製鋼社の前身EDGAR THOMSON STEELの頭文字も刻む。米国ペンシルバニア州で上質な鉄道用レールを生産するために設立した工場。エドガー・トムソンは当時のペンシルバニア鉄道会社の社長名。熊本駅機関車庫にはこの刻印の廃レールが大量に使われている。明治31年製のレールである。

2

1

5

3

4

1

29 JR Kyushu Hitoyoshi Station Engine Shed

JR《じぇいあーる》九州《きゅうしゅう》人《ひと》吉《よし》機《き》関《かん》車《しゃ》庫《こ》

■所在地―熊本県人吉市城本町459・1
■竣　工―1911年（明治44年）
（明治41年の記述を見る史料もある）
■設計者―不詳
■Bランク近代土木遺産

明治の薫りそのままに列車をいたわる石造車庫

100年の歴史を誇る肥薩線の旅は温泉の町人吉で一服となる。ホームに降り立つと西洋風の古い建物が見える。珍しい石造の機関車庫は入口をアーチで構成し、壁面の窓も美しい。蒸気機関車の時代から峠越え、球磨川沿いの難路を駆ける列車をいたわってきた車庫。今なお温かみのある庫内で今日も観光列車が手入れされている。

POINT

● 3連のアーチが建物の象徴。左右の柱形は装飾的で建物に風格を与えている。
● 重厚な石の壁に対して軽い屋根。小屋組みはフィンクトラスで柱のない室内を実現している。
● 壁面には規則的に柱が連続。その間の窓を胴蛇腹と軒蛇腹が飾っている。

2

石造の鉄道用機関車庫は他に現存しないと思われる。熊本機関車庫がそうであるように、全国的に見ても明治期に造られた機関車庫は多くの場合煉瓦積み。したがってここは国内でも特に重要な鉄道遺産なのだ。石造を選択した理由はいろいろ推測できる。まず、この地が火山帯の上にあり、加久藤カルデラ起源の凝灰岩に恵まれ、古くから石を切り出し生活に活かしていたこと。第二に、肥後に有能な石工集団が存在したことである。容易に手に入る頑強な材料とそれを建築に仕立て上げる技術の存在。生まれるべくして生まれた石造車庫なのだ。ちなみに球磨盆地には農協倉庫などたくさんの石蔵が現存し、この機関庫はそれら石造建築の中で最古、最大を誇る。現役ではあるが、その役目を終えてもぜひ地域の文化を継承するシンボルとして活用して欲しい宝物である。

1 切石積みの壮麗な車庫
頑強な素材であればこそ百年近くを経てビクともしない。見た目も誇りにあふれている。

2 地元の石と西洋の建築技術の融合
控え壁に近い柱形が壁面を規則的に飾り、建物をしっかりと支えている。まさに質実剛健。

195765339

■アクセス
※敷地内は立入禁止。
・人吉駅ホームや周辺の道路から遠目に展望できる。
・人吉駅はJR肥薩線。八代より約1時間。九州道八代I.C.より約5分。
■現役鉄道施設のため通常は立ち入り厳禁。
■この機関車庫については熊本大学の伊藤研究室が詳しく調査し、写真図面入りで公開している。
http://www.arch.kumamoto-u.ac.jp/ito_lab/activity/activities.html

30 JR Kyushu Bungomori Roundhouse

JR《じぇいあーる》九州《きゅうしゅう》豊《ぶん》後《ご》森《もり》円《えん》形《けい》機《き》関《かん》車《しゃ》庫《こ》

1

■所在地—大分県玖珠町大字帆足415
■竣　工—1934年（昭和9年）
■設計者—不詳
■Bランク近代土木遺産

1 林立する円柱／直径65cmの円柱が56本。巨大な機関車庫の高い天井を支えている。
2 蔦の絡まる外壁／壁面には機銃掃射の痕跡。柱は独特の意匠で円柱をイメージしたもの。

戦災に耐え、地方鉄道を支えた扇形の機関車庫

日本を代表するリゾートエクスプレス「ゆふいんの森」が豊後森駅を発車する。車窓右側に見えてくる巨大な扇形の建物。ガラスは割れ、荒れるがままの建物だがどことなく威厳に満ち、地方鉄道が活気に満ちていた時代を思い起こさせる。転車台を抱え込む劇場のような円弧の建物は九州にただ一つ残されたラウンドハウスである。

POINT

- ● 半径約48mの円弧を描く建物に放射状に13両分の格納スペースが連なる壮観。
- ● 外壁に太平洋戦争時の機銃掃射痕を残す歴史の証人でもある。
- ● 転車台も形をとどめる。車庫内には煤煙排気用の鋼製ダクトが残る。

昭和9年に全線開業した久大線（現久大本線）。久留米と大分を結ぶ九州横断鉄道は現在も重要な幹線である。昭和12年には宝泉寺までの支線宮地線も開通。豊後森駅は拠点として活躍した。円形機関庫は久大線開業時に開設した豊後森機関区の車庫である。終戦直前に米軍機による機銃掃射に遭い、機関車の損傷や死者3名を出す惨事となった。外壁には今も弾痕が生々しい。戦後は蒸気機関車25両を擁する大規模な機関区となり、昭和29年には隣の恵良駅から分岐し肥後小国駅に至る宮原線も開通。ますます重要度は増した。昭和45～46年にディーゼル化が行われるにいたり、機関庫も廃止されることとなった。鋼製転車台と九州最後の円形車庫。形を留めるうちに保存策を講じ、ユニークで美しい歴史建造物を地域のシンボルとして活用できたとしたら素晴らしい。

269394280

■アクセス
・JR久大本線豊後森駅下車すぐ（周辺道路で建物には近づけるが崩壊の危険性があり立入禁止）。
・大分道玖珠I.C.より国道387号で豊後森駅方向へ約2分。遠目にも扇形の建物が展望できる。
■駅構内の軌道敷は立入厳禁。
■機関車庫外側の農道は散策可能。駐車場は豊後森駅に有り。
■問い合わせ　玖珠町観光協会
0973-72-1111（玖珠町役場内）

31 JR Kyushu Kokura Workshop

J《じぇい》R《あーる》九《きゅう》州《しゅう》 小《こ》倉《くら》工《こう》場《じょう》

1 2 美しくどっしりした旧鐵道院鍛冶職場
妻側壁面にはピラスター（柱形）が付き、アーチが優雅な曲面を描く。

■所在地―福岡県北九州市小倉北区金田3・1・1
■工場開設―1891年（明治24年）
■戦後の建物も含めて九州の鉄道史を物語る貴重な施設群。

厩舎の美学、九州の鉄道を担うトレイン・ファクトリー

名馬を育む厩舎のように、鉄道にも車輌を産み出し世話をする工場が必要である。九州に鉄道が産声を上げたとき、ドイツ人技師ルムシュッテルの指導のもとに造られた工場。それが現在も九州の鉄道を支えている。煉瓦建物も現役。公共の乗り物に携わる使命感や誇りを引き継ぐように時を越えて輝く工場群である。

POINT

- 大正2年竣工の鍛冶職場はアーチ窓が美しく、安定感のあるイギリス積みの煉瓦建物。
- 大正3年竣工の旧製罐工場は赤茶色の鉄骨と煉瓦で巨大な工場空間を形成。
- 旧客車予備品倉庫は築造時期不詳。木製トラスと優雅な外壁装飾が工場の品格を物語る。

6 7 8 貴重な近代化遺産として今後の調査が望まれる旧客車予備品倉庫／自然石をアクセントに使ったアーチを持つ煉瓦の外観。内部には木製の小屋組みが残る。

3 4 5 8620型蒸気機関車の整備が行われる旧製罐工場
鉄骨と煉瓦を組み合わせた壁面とランタントラスとも呼ばれる繊細な小屋組みが大空間を支える。

各種調査報告には戦前の建物は大正期に建築された旧鐵道院鍛冶職場（現自連バネ検修場）と旧製罐工場（現鉄工改造場）が残るのみと記述されている。しかしもう1棟、見落としてはならない遺構がある。工場南西側の更衣所裏手にある旧客車予備品倉庫。ここは明治期の大蔵線（現日豊本線）に最も近く、ルムシュッテルらが創設した開業当初の工場位置と重なり、昭和10年の平面図を見るとこの位置は木機工場と記されている。先述の2棟が鉄骨トラスの小屋組みを持つのに対し、この建物は木製のクイーンポストトラスを採用。壁面の蛇腹や柱頭の装飾、アーチ部の要石などを観察する限り、他の2棟と同時期かより古い築造と推察されるのだ。

これらの建物は九州における鉄道の発達を雄弁に物語る貴重な遺産であり、更なる調査と未来への有効活用が期待される。

16463021

■アクセス
※工場内立入禁止。ただし、鉄道の日イベント時などに構内に入れる場合がある。
・北九州都市高速下到津出入口より南小倉方面へ左折。2つ目の信号左折。
■工場内は立入できないが、学校団体などの場合には工場見学が許可される場合もある。
■毎年10月の「鉄道の日」旬間に開催の「JR九州工場まつり」では工場群を見ることができる。
■問い合わせ JR九州小倉工場　093-561-0125
http://www.jrkyushu.co.jp/shokou/top.htm

32 Mizunoko-shima Lighthouse & Lighthouse Keeper's House

水《みず》ノ《の》子《こ》島《しま》灯《とう》台《だい》

水ノ子島灯台吏《り》員《いん》退《たい》息《そく》所《しょ》

■所在地―水ノ子島灯台／大分県佐伯市鶴見大字大島2・1559
（豊後水道北緯33°02'25" 東経132°10'47"）
吏員退息所／大分県佐伯市鶴見大字梶寄537・1
■竣　工―1904年（明治37年）
■灯台／海上保安庁指定Aランク保存灯台、Bランク近代土木遺産
■吏員退息所、物置所、塀／登録有形文化財、Bランク近代土木遺産

4年にわたる難工事で築き上げた巨大なライトハウス

九州と四国を隔てる豊後水道のただ中。ここは海の難所である。実に4年の歳月をかけて建造された巨大な円筒構造は山口県徳山から運ばれた花崗岩で組み上げられている。海面から光源までの高さは56・3m、灯台自体の高さは39・25mと日本第3位。灯台守の家族が住んだ宿舎は鶴見半島の梶寄海岸に当時の面影を残す。

POINT
● 白黒のストライプが映える豊後水道のシンボル的灯台。
● 徳山産の花崗岩を積み上げた国内最後の石造灯台。
● 鶴見半島の吏員退息所は和洋折衷のデザイン、当時の生活を再現している。

島根県の日御碕、北海道の稚内に継ぐ、日本で3番目に高い灯台である。海上交通の要衝で、霧も発生しやすい豊後水道の中央に位置する水ノ子島は航行する船にとって大きな障害だった。そこで灯台を設置することになったのだが、陸地から遠い断崖での作業は難航した。結局、4年の歳月を経て完成した灯台は初点灯から100年が経過した現在も豊後水道を守り続ける。内部は8層構造で、貯水槽や用品倉庫、燃料庫、吏員寝室などが設置された。水ノ子島灯台は映画「喜びも悲しみも幾年月」の舞台として知られるが、灯台守が常駐したのは昭和61年まで。昭和37年までは鶴見半島の吏員退息所と呼ばれる事務所・宿舎に家族とともに暮らしつつ、1週間交代で沖の灯台へ出向いていた。退息所のアーチ窓のある寄棟建築は健在で、展示施設として活用されている。

■アクセス
水ノ子島灯台／定期航路等無し。瀬渡し船チャーターの場合、鶴見半島の直近港から約30分。
吏員退息所（現豊後水道海事資料館・渡り鳥館）／大分道津久見I.C.より車で1時間30分。
■天候によっては鶴見半島方面から遠望できる。
■吏員退息所は現在「豊後水道海事資料館」、同物置所は「渡り鳥館」として活用されている。
午前9時～午後5時 年中無休
■渡り鳥館に展示されているのは水ノ子島灯台に衝突死した鳥の剥製約550点。

水ノ子島灯台 607868067　吏員退息所 607684759

1 光源部下の2重回廊／初点灯時の光源は日本初のハビエー式石油蒸発白熱灯器。現在は太陽光と波力で発電するハイブリッド電源を使用し、当時の倍近い120万カンデラの閃光を発する。

2 3 4 吏員退息所／寄棟造りの煉瓦建物は内部に5世帯が居住できる仕組み。当時のままの便所も残っていて、一部生活空間が再現されている。

33 Sekisaki Lighthouse

関《せき》埼《さき》灯《とう》台《だい》

■所在地—大分県大分市大字佐賀関4057・2
■竣　工—1901年（明治34年）
■設計者—不詳
■海上保安庁指定Dランク保存灯台
Cランク近代土木遺産

1

624333558

■アクセス
・JR日豊本線で大分駅より約20分、幸崎駅下車。JRバスにて佐賀関へ。関埼まではタクシー利用。
・大分道宮河内I.C.より県道38号、国道197号を経て佐賀関市街地へ約45分。関埼を目指す。
■有料駐車場有り。遊歩道を通って灯台まで徒歩3分。
■現役灯台のため内部には入れない。
■問い合わせ
大分海上保安部航行援助センター　097-523-2197
大分市観光協会　097-534-6111

明治の鉄造灯台を代表する白い躯体が海峡に輝く

関サバ、関アジで知られる豊後水道、佐賀関の突端にどっしりと座る白亜の灯台。壁面に打たれたリベットはこの塔体が鉄で造られていることを物語る。細部には装飾が施され、扉は木製で気品さえ漂う。沖行く船の無事を見守る灯台にいつまでも愛情を注いでもらえるように、明治の人びとは美というエッセンスを注いでいるのだ。

POINT

- 珍しい明治期の鉄造灯台。リベット（鋲）の並ぶ壁面が特徴である。
- 細部に装飾を施し、白い塔体と手摺りや足場の黒とが美しいコントラストを見せる。
- 大分県で最も古い灯台。対岸に四国佐田岬を望む豊後水道の景勝地でもある。

1 灯台全景
よく手入れされ、美しく塗色されている。

2 灯火部
竣工当時、ここにはフランス製のレンズと石油燈が設置されていた。

3 回廊部
持ち送り部分の装飾は特に美しい。

日本に7つ残る明治期の鉄製灯台の中では4番目に古い明治34年初点灯。独特なスタイルは北九州の部埼灯台などと似て、塔体の足元を抱きかかえるように塔屋が弧を描いて廻っている。灯台の腰には回廊が設けられ、持ち送り（回廊を支える腕の部分）には透かしのある装飾が機能美を見せつける。これが繊細な黒い手摺りとともに灯台のアクセントとなっている。東西南北の文字を配した風見、レンズを覆う灯火台のガラスフレーム。洋装の麗人を思わせる明治の灯台は、たった10mしかない背丈ながら十分な存在感。敷地内には灯台守のいた頃を偲ばせる建物跡が残り、100年以上も海峡を見つめた歴史の重みを身に纏っている。心を打つ岬の風景。桜の季節には花見を兼ねて訪ねたい。明治34年のプレートが誇らしげに輝く白い灯台が歓迎してくれる。

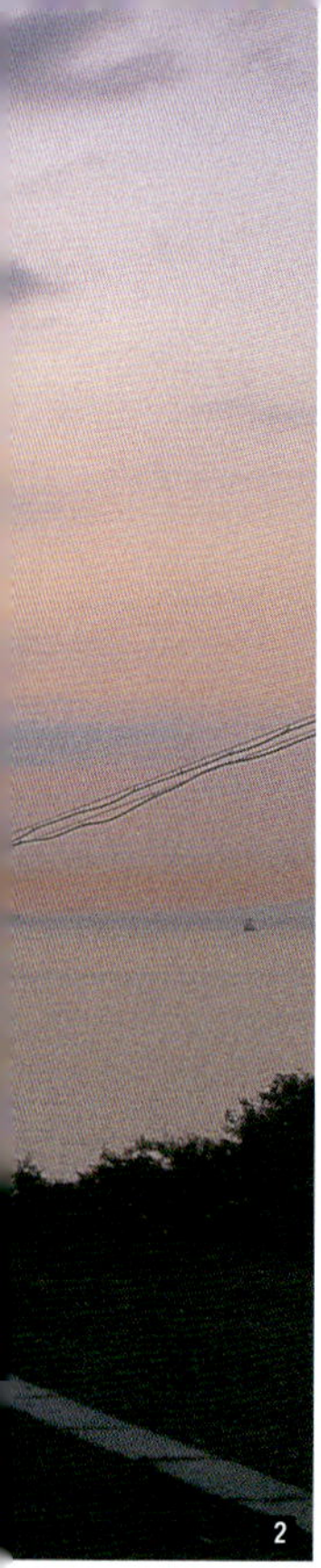

1　2

産業｜交通運輸建造物

34 Hesaki Lighthouse

部《へ》埼《さき》灯《とう》台《だい》

■所在地―福岡県北九州市門司区白野江字部埼
■竣　工―1872年（明治5年）
■設計者―リチャード・ヘンリー・ブラントン　Richard Henry Brunton
※基本設計はスチーブンソン兄弟。ブラントンの発注に合わせて装置を製作した。地震対策も彼らが考案したという。
■海上保安庁指定Aランク保存灯台、Aランク近代土木遺産
■幕府と英国公使による大坂条約（1867　慶応3年）に基づいて設置
■国指定重要文化財に答申中（2020年現在）

日本の灯台に近代化をもたらした　ブラントンが受け継いだ海峡の灯火

海の難所に灯をともすためにこの地で14年間火を焚いた僧侶がいた。その志は村人や庄屋に受け継がれ、やがて英国人ブラントンが西洋の灯をもたらす。維新間もなく築かれた石造灯台が関門海峡の入口を照らす。レンズも明治期にフランスで造られたもの。江戸時代から現在までこの海を見守る人びとの心は連綿と繋がっている。

POINT

● 石造灯台のどっしりとした安定感。ドームの奥に虹色に輝くレンズが見る者を魅了する。
● 九州で3番目に造られた灯台。現役灯台としては九州一古い。
● SAUTTER,HARLE Cie(compagnie) PARIS 1894　すなわち明治27年のフランス製レンズが現役である。

ブラントンは1841年英国スコットランド生まれ。鉄道技師として研鑽を積み、灯台設計の第一人者スチーブンソン兄弟の薫陶を受けて明治政府のお抱え技術者として来日。27歳で来日して日本を去るまでの約8年間に灯台や浮標などの航行施設だけで50余りを整備。日本初の電信工事、鉄橋架橋、横浜港に代表される港湾整備などに力を発揮した。部埼灯台は明治3年着工。九州では伊王島、佐多岬灯台に次ぐ設置となった。基底部を花崗岩の切石積みで形成し鉄製のドームを持つ。竣工当時の姿で残る灯台としては九州で最も古く、レンズは明治28年にフランスから輸入したものが現役である。ブラントンは灯台の設置とともに管理方法を教育するシステムを残した。灯台の専門知識を来日前のたった3ヶ月で学んだ事実を考えるとその見識と情熱に脱帽せざるを得ない。

1 灯塔頂部
鉄製のドームも当時のまま。以前は吏員退息所があり有人管理を行っていた。

2 白亜の石造灯台
周防灘から関門海峡へ。行き交う船の量は日本有数。現在も海の難所に立つ灯台なのだ。

557438630

■アクセス　九州道門司I.C.より県道72号線を右折。白野江郵便局前より海岸線の道に入り数分。灯台へは徒歩で。

■灯台へは近づくことができるが建物の中へは入れない。ただし海上保安庁のイベントとして一般公開されることがある。

■道路は整備されていない。上記アクセスで未舗装路に車が入れない場合は海岸線を徒歩で。

■問い合わせ　北九州市観光協会　093-541-4151
第七管区海上保安本部ホームページ
http://www.kaiho.mlit.go.jp/07kanku
第七管区海上保安本部情報部ホームページ
http://www1.kaiho.mlit.go.jp/KAN7/top.htm

35 Toi Misaki Lighthouse

都《と》井《い》岬《みさき》灯《とう》台《だい》

■所在地―宮崎県串間市大字大納字野々杵80・2
■竣　工―1929年（昭和4年）
■海上保安庁 日本の灯台50選
Cランク近代土木遺産

太平洋を見おろす風光明媚な岬にそびえる白亜の塔

御崎馬で名高い岬の突端に白亜の八角形灯台がそびえている。戦火や台風による破壊を経てなお南国の風土に映える日向の灯台。航海上の重要な標識でありながら九州有数の観光地でもある都井岬を今日も多くの人びとが訪れる。太平洋に真向かう絶好のロケーション。都井岬灯台は内部も見学できる数少ない参観灯台でもある。

POINT

- 太平洋を一望できる絶好のロケーション。敷地内には時折、御崎馬も現れる。
- 昭和初期に造られた8角形の塔体と白亜の塗色が青空と海に映える。
- 全国に13カ所しかない参観灯台の1つ。灯台に近づき内部の見学も可能。

1 8角形の塔体
昭和初期のままの八角形灯台は付属建物が陸屋根になっており、灯台から出ると展望台のようになっている。
2 3 日向の空に白い灯台が似合う
南国日南の岬らしい青空に白い灯台が映え、絶景を醸し出す。

初点灯の頃、都井岬灯台の標高（平均海面から灯火までの高さ）は日本一であった。また、昭和19年に電化された際には東洋一の光度を誇ったという。現在もここは日本で4番目に標高の高い灯台。したがって遠く離れた船からも視認性が良く、都井岬は東南アジアから北上する船舶の陸地初認標識（ランドホール）となっている。船舶関係者の強い要望で完成に漕ぎつけた灯台には国産のレンズが採用され、灯籠（レンズを覆う筒）には横浜の試験灯台のものが再利用されていた。しかし終戦の年の7月に空襲を受け、昭和25年に全面復旧。同年9月に今度は台風で被災。現在の形になったのは昭和26年である。建設当時のまま残るのはコンクリートの塔体部分で、灯塔から出ると回廊のように建物の上を歩ける珍しい構造も当初のままである。

■**アクセス**
・JR串間駅前国道220号より国道448号に入り約30分。
・JR南郷駅前国道448号に入り約45分。
・JR串間駅より宮交バス都井岬観光ホテル行きにて約40分、終点下車、徒歩30分。
・宮交シティより宮交バス都井岬観光ホテル行きにて約165分、終点下車、徒歩30分。
■無料駐車場有り。灯台を社団法人燈光会が管理しており大人150円・子供20円の入場料が必要。
■都井岬灯台資料展示室も併設。灯台内部の見学ができるのは午前9時～午後5時、年中無休。
■**問い合わせ**
社団法人燈光会都井岬支所　0987-76-1009

724101624

2

3

2

36 Tobase-shima Lighthouse

戸《と》馳《ばせ》島《しま》灯《とう》台《だい》

■所在地—熊本県宇城市三角町戸馳字片島
■竣　工—1898年（明治31年）
■海上保安庁指定Dランク保存灯台

1

狭い水路を見守る頑強な石造灯台

高さ8・2mしかない小さな灯台が島原湾と八代海を結ぶ航路を照らし続けている。明治23年から37年にかけて三角周辺と天草南部にいくつもの石造灯台が設置された。三角西港の開港が明治20年だから、天草周辺が海運の重要なルートになった時期である。複雑な内海を見守る灯台は奥ゆかしい姿で100年以上もここに立っている。

POINT

● 天草北端の小島にある小さな灯台。しかし既に100年以上も灯をともす明治の現役灯台である。

● 灯台に至るのは困難だがそれだけに辿り着くと絶景。見下ろす瀬戸は船舶の通過も多い。

● すべて石造の灯台。窓跡には蛇腹も残り、明治の意匠を感じることができる。

1 2 人知れず灯をともす孤島の灯台
灯塔まで石造で、灯籠のフレームや回廊手摺りが繊細。

3 蔵々瀬戸を見下ろす
三角西港や三角港、そして島原湾、有明海方面への南からの進入路。水先案内人を乗せて大型船が通過する。

戸馳島灯台へのアクセスは厳しい。島の南部へたどり着いても車道は途切れる。そこで海岸線を歩く。小さな船溜まりから引き潮を見計らってひたすら歩くと蔵々瀬戸が最も細くなったあたりで雑木林にウサギ道が登っている。心細さを押さえて坂を登ると白い灯台に出会った。以前はここに戸馳島灯台事務所もあり、有人管理が行われていた。灯台は全体を切石積みで造られている。方形の付属建物に抱かれるようなかたちで円柱形の灯塔が立っている。石材まで白く塗色されていて石質は不明。対岸の維和島との間の蔵々瀬戸は約350mしかなく、暗礁を避ければ航路は250m。まさに難所である。宇土半島の先端を縦断する航路には他に三角灯台（明治23年）や寺島灯台（明治31年）が、天草南部には上的島灯台（明治30年）や戸島灯台（明治30年）が設置された。

372853749

■**アクセス** JR三角線波多浦駅より国道266号へ出て戸馳大橋を渡り、戸馳島西岸の道路を南下。片島付近の海岸を蔵々瀬戸に沿って南へ歩く。
■灯台へのアクセスは難しい。島の南部片島集落付近へ来たら地元の方に尋ねることを勧めたい。
■灯台敷地に立ち入りは可能だが内部には入れない。

2

37 Kuchinotsu Lighthouse

口《くち》之《の》津《つ》灯《とう》台《だい》

■所在地―長崎県南島原市口之津町甲229・9
■竣　工―1880年（明治13年）
■設計者―不祥
■海上保安庁指定Bランク保存灯台
Bランク近代土木遺産

1

気品あるスクエア灯台がかつての石炭積み出し港の栄華を映し出す

瀟洒な白い外観からは想像できないがレンガ積みの灯台である。大航海時代から南蛮船も寄港した良港口之津は明治11年に三池炭鉱の石炭輸出港に指定され、明治22年には特別輸出港として発展を遂げる。遠浅の有明海を小型船やはしけで運ばれた石炭がここで大型船に積み替えられたのだ。灯台は港の盛衰を眺め続けている。

POINT

● 仏人技師F・L・ヴェルニーらによる日本初の洋式灯台初代観音崎灯台や旧品川灯台と似たシンプルな灯籠意匠。
● 灯塔高（地面から塔頂までの高さ）6・6mという小さな灯台ながら存在感に溢れる。
● 三池炭鉱の石炭積み出し港という歴史的背景を持つ口之津港周辺とともに散策を楽しめる。

明治11年に長崎税関口之津支庁が設置されると三池炭鉱から次々に石炭が運ばれるようになった。島原半島先端の小さな漁村が貿易港として開港したのだ。大牟田川の河口から口之津港まで一日がかりでやってくる団平船とはしけの群れ、その石炭を積み込む大型船。活況ぶりが目に浮かぶ。そんな時代に造られたのが口之津灯台なのだ。やがて三池港が開港すると口之津は寂れ、昭和42年に開港封鎖。口之津の税関支所も昭和54年に閉鎖となり現在は歴史民俗資料館として公開。口之津灯台は竣工当時の姿をとどめ、港の入口のなだらかな丘の上に立っている。赤土の畑に似つかわしくない瀟洒な灯台は全国的にも珍しい煉瓦造り。初期の洋式灯台に見られたような縦方向だけの美しいフレームを持つ灯籠と、8角形の灯塔は他に類を見ない気品に満ちたものである。

1 繊細で個性的なディテール
シンプルで美しい灯籠部と、蛇腹を回した8角形の灯塔は独特なもの。フランスやイギリスの影響を受けて発展した初期の灯台技術はこの頃から日本人による自力設置と運営に移行しようとしていた。

2 畑の中に立つレンガ灯台
他の灯台とはまったく異なるデザイン。シンプルだが気品に満ちている。

173038746

■アクセス
・島原鉄道口之津駅前より島鉄バス大屋早崎循環線にて5〜10分。灯台入口下車徒歩10分。
・長崎道諫早I.C.より国道34号を西へ、小船越町交差点より右折、国道57号、251号にて小浜経由口之津へ約1時間20分。
■普通車3台分ほどの駐車場有り。
■灯台への道は入口がわかりにくいので地元の方に尋ねることをお勧めしたい。

産業｜交通運輸建造物

38 Misumi Nishi Port

三《み》角《すみ》西《にし》港《こう》

■所在地―熊本県宇城市三角町三角浦
■竣　工―1887年（明治20年）
■設計者―ルーエンホルスト・ムルドル
■世界遺産「明治日本の産業革命遺産」
■国指定重要文化財、選奨土木遺産

天草の入口に突如現れた西洋風の近代港湾都市

時間を巻き戻したように明治の港が横たわっている。幻ではない。眼前に広がる石の波止場に海峡のさざ波が打ち寄せる。明治の三大築港と称された港湾都市プロジェクトは確かにここに実現した。しかし三角西港は衰退の道をたどる。潮が引くように人びとは去り、町は姿を消した。明治の薫りを漂わせる港の遺跡のみがここに残る。

POINT

- 蘭人技師ムルドルの計画による埠頭、排水路、橋、道路などが計画港湾都市を形成する。
- 飛岳の砂岩を切り出して使用した埠頭は当初の形状を良く残す。
- 築港時代に町並みを形成したいくつかの建物が修復・復元され、新たな観光スポットとなっている。

明治期に国策として整備された3つの地方築港のうちの1つ。政府のお抱え外国人がここでも活躍する。彼の名はルーエンホルスト・ムルドル。オランダ人技師である。熊本に派遣されたムルドルは県令（知事）の意向によって熊本市の百貫石港を視察。そこが大規模な築港に適さないことを見抜き進言した。選ばれたのがここである。大矢野島の飛岳から切り出した砂岩を材料に埠頭や排水河川、橋などが造られ、背後に洋風の計画都市が形づくられた。明治20年に開港を迎えると米や麦、麦粉、石炭、硫黄などが大陸に輸出された。しかし約30年を経てより利便性の高い三角東港が開港。三池港などの開港で石炭輸出も無くなり三角西港はその役目を終える。急激に衰退した三角西港は開発の手を加えられることもなく、こうして現在まで姿をとどめているのである。

■**重厚な石積み埠頭**／天草特有の砂岩が大胆に使われている埠頭。スロープ部分には浮き桟橋が設置されていた。
1 旧宇土郡役所／度重なる転用で規模は変わっているが明治35年竣工の洋風建築。
2 旧高田回漕店／回船問屋である。築港の機能を物語る貴重な建物として修復された。
3 旧三角海運倉庫／土蔵造りの大型荷役倉庫が良く残る。現在はレストランとして多くの観光客に利用されている。

677129239

■**アクセス**
・国道3号松橋バイパス宇土入口交差点より国道57号にて三角方面へ車で約40分。
・JR三角線三角駅下車、タクシーにて約5分。
・熊本交通センターより九州産交バス国際ホテル行きまたは三角行きにて約1時間10分。
■無料駐車場有り。トイレ等も充実。各施設には解説板も付く。夜間はライトアップもあり。
■レストランや物産館、建物公開などもあり史跡公園として利用しやすい。
■**問い合わせ**
宇城市三角支所商工観光係　0964-53-1111

2

1

3

39 JR Kyushu Mojiko Station

JR《じぇいあーる》九《きゅう》州《しゅう》門《も》司《じ》港《こう》駅《えき》舎《しゃ》

1

2

3

4

5

6

■所在地―福岡県北九州市門司区西海岸1・5・31
■竣　工―1914年（大正3年）
■設計者―鐵道院九州鉄道管理局
■国指定重要文化財、Aランク近代土木遺産

九州の北の玄関、関門海峡の顔であり続けるレトロ駅

旅愁を感じる駅が減って久しいが、ここにはそれが残されている。九州鉄道の起点として歴史に名を刻むだけではない。石炭に湧き、大陸との貿易に活躍した港の駅。そして本州からの玄関口。ターミナルという言葉がこれほど似合う駅はない。門司港レトロ観光の起点として活躍する駅舎。老いてなお、浪漫に満ちている。

POINT

●ヨーロッパの駅を彷彿とさせる頭端式の構造は全国的にも珍しい。
●大正期の浪漫に満ちた建築様式。駅としては初の国指定重要文化財である。
●銅板とスレートで葺かれた屋根には細かい装飾が施される。

頭端式という言葉がある。ヨーロッパの始発・終着駅に多く見られ、日本では私鉄に多い。門司港駅も頭端式である。駅舎は線路に対して垂直に建つ。改札を抜けると線路の終端が並び、ホームが櫛形に分かれている。九州の鉄道起点にふさわしい駅。もっとも明治24年の開業時には今より200mほど南東にあった。貨客数の増大によって貨物と旅客を分離し、旅客に関しては関門連絡船への乗り換えを便利にするために駅を移動したのだ。新築されたのが現在の門司港駅。戦時中に関門トンネルが開通するまでは門司駅を名乗っていた。ネオ・ルネッサンス様式の木造建築。天井の高いホール部、青銅製の手水鉢や水飲み場、洗面所も歴史を物語る。2階には細部に装飾を施した貴賓室を設ける。九州の玄関口、レトロの街の象徴として活きる素晴らしい駅である。

1 装飾が映える外観／建物には蛇腹が廻らされ、木造とは思えない重厚感を醸し出す。屋根には装飾豊かなドーマー窓を設置。

2〜6 レトロな駅舎内／手水鉢や水飲み場など門司港駅には開業当時からの遺物が数多く残され、見どころは尽きない。

7 夜の門司港駅／街全体のライトアップが進む中、門司港駅はひときわ輝く。ドーマー窓の赤色灯火も美しい。

16715050

■アクセス
・JR鹿児島本線小倉駅より普通列車門司港行きにて約16分。
・九州道門司I.C.より県道25号にて門司港レトロ方面へ、約7分。
■有料駐車場有り（無料時間有）。
■現役駅舎につき旅客用スペースは自由に見学できる。貴賓室などの見学については要相談。

■問い合わせ
門司港レトロ倶楽部 093-332-0106

1

産業｜交通運輸建造物

40 JR Kyushu Hisatsu Line Loop Tracks,Switchback Stations & Station Houses

JR《じぇいあーる》九《きゅう》州《しゅう》肥《ひ》薩《さつ》線《せん》ループ・スイッチバックおよび駅《えき》舎《しゃ》群《ぐん》

■所在地―JR九州肥薩線人吉駅～隼人駅間
熊本県、宮崎県、鹿児島県

■開　業―吉松～隼人間／1903年（明治36年）
人吉～吉松間／1909年（明治42年）

■矢岳第一トンネル／Aランク近代土木遺産

■大隅横川駅、嘉例川駅／Cランク近代土木遺産

鉄道の誇りを今に伝える明治の路線

近代化に情熱を傾けた人びとの軌跡が峠を越えている。誇りに満ち、夢を託した明治の鉄路に今、新幹線からの旅人たちが乗り換える。肥薩線は活きた鉄道博物館なのだ。雄大な峠のパノラマ。映画のシーンのような駅の風情。父親のように踏ん張るスイッチバック。速度に支配されない旅の原点が今、評価の時を迎えている。

POINT

- 日本でもここだけのスイッチバック・ループ線。
- 矢岳第一トンネルのポータル（出入口）部には荘厳な石積みと由緒ある石額が見える。
- 100年を経てなお開業当時の姿を良く残す明治の駅である。
- 細部にこだわりが認められ、観察するのも楽しい。

100年を迎えた駅舎は毅然として立っている。機銃掃射の弾痕が貫く柱もそのままに、しっかりと立っている。軌道は延々と伸び、県境の峠を越える。グルリと回るループ線、行ったり来たりのスイッチバック。肥薩線のすべてが面白さに満ちている。これからの旅、新しい旅を楽しむなら明治の鉄道で行こう。新幹線にも負けない、人間らしい旅のスタイルがそこに待っている。

大畑《おこば》駅・ループ・スイッチバック

1909年（明治42年）12月開業（当初の1ヶ月は信号所だった）

人吉駅を出た列車は球磨川を渡り急勾配を登り続ける。蒸気機関車時代の石積みの給水塔が残る大畑駅で一息ついた後、列車はバックする。そして再び前進をはじめ、反時計回りに直径約600mの円を描いて先ほど登ってきた線路の上を通過するのだ。国内初のループ線で、ループの途中にスイッチバックを併設する日本でここだけのシステム。ループ途中に駅があるのも日本唯一。名所の多い肥薩線の中でも最大のハイライトである。

1 2 大畑駅スイッチバック
左側が人吉から登ってくる線路。手前に大畑駅があり、吉松へ向かう列車は中央の線路を後退し、再び右側の線路でループを駆け上る。

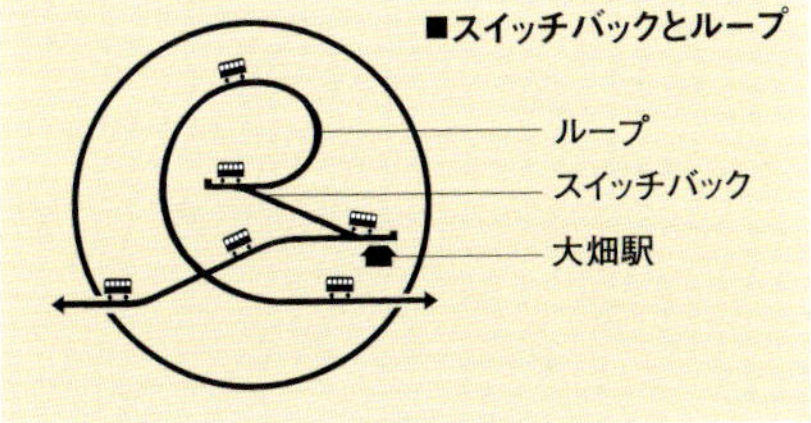

矢岳《やたけ》第一トンネル　1909年（明治42年）10月開通

大畑から最大30パーミル（千分の三十勾配）の急坂を昔は重連のデゴイチ（D51型蒸気機関車）が喘ぎながら登っていた。頂上は標高540mの矢岳駅。駅の南で一旦宮崎県に入ると矢岳第一トンネルがある。3年以上の月日をかけて苦心の末に掘り上げた肥薩線最長の隧道。両口には当時の逓信大臣山縣伊三郎による「天険若夷（てんけんいのごとし）」と鐵道院総裁・男爵後藤新平による「引重致遠（おもきをひきいてとおきにちす）」の文字を刻んだ石額が掲げられている。両側にピラスター（柱形）を配する石積みの入口は威厳に満ちている。

真幸《まさき》駅　1911年（明治44年）開業

肥薩線にあるもう一つのスイッチバック駅。肥薩線唯一の宮崎県に位置する駅である。いつの頃からかホーム側には石庭が設けられ、地元の人びとに管理されている。

大隅横川《おおすみよこがわ》駅　1903年（明治36年）開業

吉松～隼人間が鹿児島線として官設で開業したのは明治36年9月のことである。開業当時の姿で駅舎が残るのも肥薩線の魅力。大隅横川駅もほぼ原形をとどめ、細部に明治の駅らしい意匠を見る。ホームを覆う上屋を支える柱には太平洋戦争時の機銃掃射による貫通痕が残り、戦災遺跡でもある。ホーム上には九州内の国鉄駅で使用されていた標準型の木製ベンチも残る。

1 矢岳第一トンネル／資材や食料の調達もままならない山の現場で出水に悩まされながら工事は進められた。
2 大隅横川駅／海岸沿いのルートが開通するまではこちらが鹿児島本線だったために駅も大きくホームも長い。
3 真幸駅
4 5 6 嘉例川駅／最近では多くの観光客が訪れる。ベンチ一つまで旧態をとどめて復元修理を行った事実を知る人は少ない。

5

6

4

嘉例川駅《かれいがわ》

1903年（明治36年）開業

肥薩線で最も有名になった駅である。建物の半分を待合室に、残りを駅事務室や宿直室にあてている。待合室には切符販売用の窓口が残り、木製カウンターが懐かしい。天井の照明吊り下げ部には換気口を兼ねた透かし入りの凹部がある。木製の改札口を抜けてホームに出ると左右に作りつけのベンチがあり、支え板には雲形の装飾が施されている。これは大隅横川駅の待合室ベンチなどにも見られ、駅舎の形状とともに開業当時の沿線駅で標準的に使われていた意匠とも思える。100年を経てますます地域の人びとに愛され、訪れる旅人に郷愁や感動を与え続ける小さな地方駅。慌ただしい日常から解放される旅で出会うと嬉しくなる明治の遺産である。

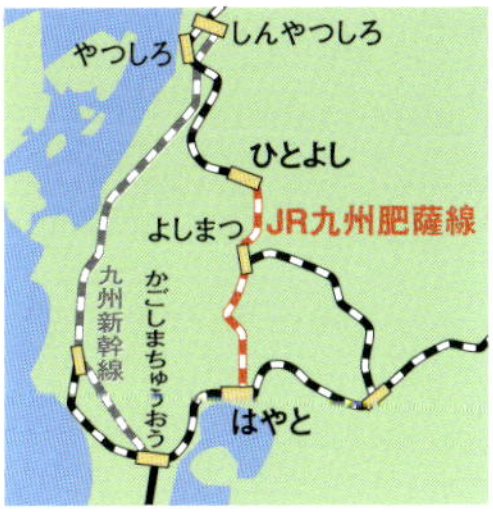

■アクセス
・九州新幹線鹿児島中央駅乗り換え。または鹿児島本線八代駅乗り換え。
・ここに取り上げた遺産を見るには観光列車の鹿児島中央～吉松「特急はやとの風」および吉松～人吉「いさぶろう・しんぺい」の乗り継ぎによって見学可能。
■現役鉄道施設のため、軌道敷内への立ち入りは厳禁。安全に注意して見学したい。
■各駅には駐車場有り。マナーを守って見学を。
■問い合わせ　人吉市観光案内所（人吉駅構内）0966-22-2411
涌水町吉松庁舎地域政策課　0995-75-2111
隼人町観光協会（隼人町役場商工観光課内）0995-42-0273

 マップコード／嘉例川駅 42867720　大隅横川駅 376249318　真幸駅 195252473　大畑駅 195589354

41 Former Nishinippon Railway Chikushi Station Waiting Room

旧《きゅう》西《にし》日《にっ》本《ぽん》鉄《てつ》道《どう》 筑《ちく》紫《し》駅《えき》待《まち》合《あい》所《しょ》

■所在地―福岡県筑紫野市大字若江
■竣　工―昭和初期

戦禍の悲劇を物語る 西鉄最古の待合室

屋根から陽光が漏れる。古い駅舎ゆえの傷みにも見えるが、これは戦争の痕跡であり、人の手による破壊の痕である。西鉄最古の駅舎建物は古き良き時代を伝えるよりむしろ戦争の悲劇と平和の尊さを訴える歴史の証人としてここに立っているのだ。戦後60年を経てなお癒えることのない傷跡が今日も行き交う電車を見守っている。

POINT

● 戦争の惨劇を物語る戦災遺跡として重要。機銃掃射の痕跡が生々しい。
● 西日本鉄道の記念誌に記され、被災の経緯が明解である。
● 大正～昭和期の駅施設がそのまま残り、貴重な近代化遺産でもある。

それは終戦直前の真昼の出来事。折しも北部九州には連日の空襲があり、午前9時25分発2両編成の下り列車は井尻付近で一旦空襲を避けて乗客を避難させ、再び走り出して南へ向かっていた。筑紫駅の上空に米軍戦闘機が飛来し、上り線に停車していた列車に攻撃を加えた。折悪しく筑紫駅近くにさしかかり、乗客避難のために急停車した下り線の列車も被災。結局、上り線の乗客20名のうち8名が即死。下り線に至っては乗客200余名のうち56名が尊い命を落とし、100名を越える負傷者を出した。大正13年に開通した急行電車のホームとして昭和初期に建てられたという待合所にも機銃掃射が加えられ、現在見るような弾痕を残すこととなった。時に昭和20年8月8日。太平洋戦争終結の1週間前の出来事である。駅舎は住民らによって保存され、筑紫駅を見つめている。

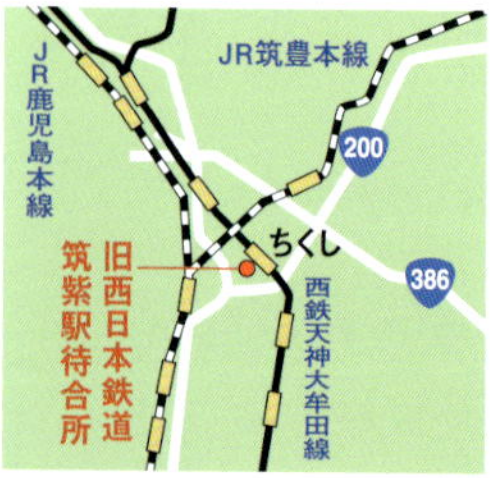

55156045

■激しい機銃掃射の痕跡
のどかな昼下がりの駅に起こった惨劇を黙して語らぬ木造の建物。未来に伝えるべき大切な遺産である。

■アクセス　西鉄福岡駅より西鉄天神大牟田線普通列車にて約25分筑紫駅下車、徒歩2分。
■現筑紫駅の駐車場有り。
■見学は自由。解説板には現役当時の古写真もある。
■問い合わせ　筑紫野市教育委員会文化財課
092-923-1111

筑紫平和
筑紫平和

42 Mitsui Miike Coal Mine Railway Electric Locomotives

三《みつ》井《い》三池《みいけ》鉄《てつ》道《どう》電《でん》気《き》機《き》関《かん》車《しゃ》

1

■所在地―福岡県大牟田市の専用線で現役使用（宮浦付近）

■製造年―1908年（明治41年）～

■大牟田市教育委員会は明治末期の電気機関車が現存することを重視し、保存策を講じている。現状では非公開だが、専用車庫内に明治41年米国GE社製5号機（15tB）をはじめ、明治44年独国シーメンス社製1号機（22tB）ほか計4機を保管している。将来的な活用の可能性とこれら保存車輌の重要性を考えるとき、その英断に敬意を表したい。

三池の石炭を運び、今なお健在の屈強なモーター・カー

凸型の電車が工場の中を走り回っている。だが、本来この電車は石炭や炭鉱で働く人びとを曳いていた。炭鉱電車と呼ばれたこれら機関車の先祖は蒸気機関車。なんと明治24年には軌間1067㎜の米国製SLが元気に炭車を曳いていた。現在は細々と貨物列車を出し入れするのみだが、凸型機関車はまだまだ元気そうである。

POINT

- 大正時代から戦前までの機関車が現役で稼働する。
- 今となっては大変珍しい凸型の電気機関車である。
- 輸入車を保守しながら学び、遂には国産してしまう過程がわかる。

三池の地に張りめぐらされていた炭鉱専用鉄道は三池浜から三池港までを結ぶ馬蹄形の本線9・3㎞を完成させ、そこから数条の支線が伸びていた。一時期は専用鉄道から地方鉄道になり一般旅客を取り扱ったこともある。長い歴史の中で化学工場の設置や他社線との接続で路線の改変が相次ぎ、炭鉱の廃坑に伴って次々に廃線されていった。平成9年に有明坑が閉山してからは発電所用燃料炭輸送もなくなり本線を撤去。三井東圧化学専用鉄道として運用。現在は三井化学専用鉄道として宮浦停車場を起点に旭町支線1・8㎞でタンク車とコンテナ車を工場に出し入れする貨物運用にあたっている。電気機関車（通称凸電）は現役のものが数機あり、大正4年三菱造船所製造の9号機（20tB車）、昭和12年東芝製造の18、19号機（45tBB車）などの活躍が遠望できる。

1 9号機
自らバッテリーを曳いているのは化学工場内の無架線軌道でパンタグラフを降ろし、バッテリー電源で運行するため。

2 宮浦停車場付近の18号機
タンク車を牽引する18号機。大正生まれの重量級である。

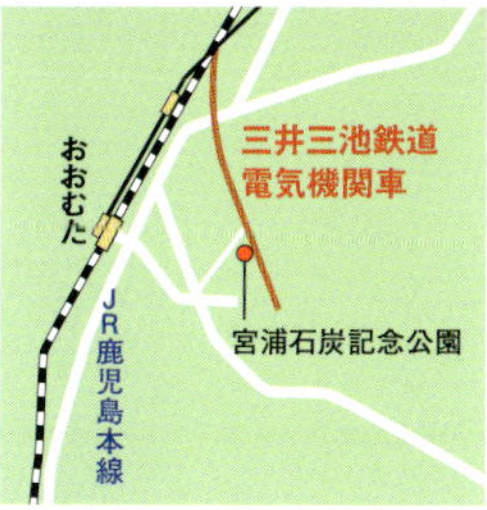

69369895

■アクセス
※電車軌道付近は立入禁止。宮浦石炭記念公園から展望可能。
・JR大牟田駅東口正面の道路を直進、上宮町交差点新鮮館前より斜め左に入り中央工業団地内へ。車にて約5分で宮浦石炭記念公園。
■現役専用鉄道なので軌道付近への立ち入りは厳禁。
■問い合わせ 大牟田市石炭産業科学館 0944-53-2377

1

2

43 Steam Locomotive No.26 "Krauss 10"

26号《ごう》蒸《じょう》気《き》機《き》関《かん》車《しゃ》（10形式）

■所在地―大分県宇佐市大字南宇佐2200

■製造年―1891年（明治24年）（23年とも）

■製　造―Lokomotivfabrik Krauss Co.（ドイツ・ミュンヘン）

ミュンヘン生まれのSLは九州における鉄道の語り部

漆黒のボディに時の流れが映り込む。ドイツの技術で走り出した九州鉄道はあえて高価な機関車を選んでいた。開業まもない花形路線で脚光を浴び、その後一線を退いていた舶来機関車は豊後の地を駆け、八幡宮に参宮する人びとを運ぶこととなる。九州の鉄道誕生から新幹線の時代までを眺めてきた最古参の姿はいまだに凛々しい。

3

明治22年の九州鉄道開業に合わせてドイツ人技師ルムシュッテルはドイツ製蒸気機関車を導入。その中にクラウス社製Bタンク（動輪2組、石炭・水搭載タイプの機関車）がいた。開業後はさらに大型の機関車も加えて次々に台数を増強。明治26年までに購入した機関車はすべてドイツ製であった。26号は初期の明治24年（23年説もある）に製造。輸入後は博多～久留米間で活躍したが、大正期には大型の機関車に道を譲り鳥栖機関区で入れ替えに従事した。昭和23年（24年説もある）大分交通株式会社宇佐参宮線（前身は大正4年開業の宇佐参宮鉄道株式会社）に譲渡された。クラウス社の機関車は高価だが性能が良いとされ、実際に同線が廃止になる昭和40年まで実に70余年もの間、26号機関車は働き続けた。今は宇佐神宮の一角で静かに余生を送っている。

POINT

- 日本に3機しか残っていない貴重な明治の機関車。
- 初期の九州鉄道で活躍した華々しい歴史を持つ。
- 廃線となった宇佐参宮線の歴史を象徴する機関車でもある。

1 2 市民の手で補修を受けた車体
「走れクラウス号!2001人計画実行委員会」の呼びかけで寄付を募り、傷んでいた車体は丁寧に補修された。

3 クラウスらしい足回り
クラウス社の蒸気機関車は特殊な弁構造とタンク・台枠の技術を持ち、頑強で保守性が良く、機関手も運転しやすかったという。

459360884

■アクセス
・宇佐別府道路宇佐I.C.より国道10号をめざし、右折して豊後高田方向へ。宇佐I.C.より約15分。
・JR日豊本線宇佐駅よりタクシーにて約5分。
・JR宇佐駅より大分交通バス中津行きにて約10分。宇佐八幡バス停下車。
■宇佐八幡宮の境内横に展示されている。

■問い合わせ
宇佐市商工観光課 0978-32-1111

44 8620 Steam Locomotive (No.58654)

8620型《がた》蒸《じょう》気《き》機《き》関《かん》車《しゃ》（58654号）

■所在地―JR九州鹿児島本線・肥薩線 熊本駅〜人吉駅間
■製造年―1922年（大正11年）
■製　造―日立製作所笠戸工場

現役定期便を牽く最古の国産蒸気機関車

大正生まれの国産機関車が、球磨川沿いを駆け上る。本線を走る現役最古の蒸気機関車。大正・昭和初期に純国産の旅客用機関車として量産され日本中で活躍した通称ハチロク。58654号は生粋の九州育ちでお召し列車を牽いた栄光に輝く。13年のブランクの後に復活したハチロクが子どもたちの歓声に包まれながら渓谷を行く。

POINT

- クラシックな国産標準型蒸気機関車の無骨で端正な表情がある。
- 現在は観光列車「SL人吉」として、肥薩線を走行。
- 人吉駅での転車台での反転や、灰の掻き出しなどの様子を見ることができる。

1 4 立野駅のスイッチバックを行く
熊本平野から阿蘇カルデラへ。立野駅へ入線したハチロクは一服すると後退をはじめ、再び前進する。
2 3 強靱な足回り
この頃の機関車としてはかなり大きめの動輪。クランク周辺の主要部品は大正時代のオリジナルである。

生まれは大正11年。93歳である。九州新幹線と同じ日立製作所笠戸工場で産声を上げ、門鉄局に配属されると九州各線で活躍。昭和50年の廃車を熊本県人吉の湯前線（現くま川鉄道）で迎えた。その後、保存状態が良かったことなどから復活運転の候補に抜擢され、ボイラーの新造などを経て昭和63年に「SLあそBOY」として再デビューを果たした。ハチロクの特徴は小柄な割に大きな動輪にある。直径1・6mに及ぶ動輪3個を先輪1個が誘導する高速向けの足回り。明治期に大量に輸入された外国製の蒸気機関車を乗りこなし、保守管理するうちについに国産の大型機関車を作れるまでに成長した日本の技術の証でもある。C57、D51などと称される前の古い形式の機関車が、定期便として現役で本線を駆け抜けていることは驚異的であり、大切に未来へ伝えたい。

■アクセス
・現状ではJR肥薩線人吉駅で「SL人吉」の転車が見学できる。
・観光列車「SL人吉」は、予約制で熊本〜人吉間で乗車可能。
■現在は3月〜11月に運行。
■走行シーンを見学、撮影の際は軌道敷付近への立ち入り厳禁。
■問い合わせ JR九州案内センター
096-211-2406（午前8時〜午後8時）

1

4

3

2

45 Okawa Railway Steam Locomotive No.5 by Orenstein & Koppel Arthur Kopper

大川《おおかわ》鉄道《てつどう》蒸気《じょうき》機関車《きかんしゃ》（ぽっぽ汽車）

■ 所在地―福岡県久留米市三潴町高三潴

■ 製造年―1911年（明治44年）

■ 全長4718㎜、自重7・8t

■ 製　造―コッペル社　ORENSTEIN & KOPPEL ARTHUR KOPPER（ドイツ・ベルリン）

1

地方支線で人びとに愛されたかわいいSL

筑後平野の真ん中を縦横に地方鉄道が駆け巡っていた時代がある。最高時速20㎞。それでも大川の家具やその材料、城島の酒、特産の瓦や畳表を運び、地域の人びとの大切な足であった。ドイツ・ベルリン製の小さな機関車。通るたびにピー、ポーとかわいい汽笛を鳴らすことから、いつしか人びとはぽっぽ汽車と呼び親しんだ。

POINT

- かわいらしい軽便サイズの機関車は明治・大正期のローカル路線を象徴する。
- 筑後川に沿って久留米方面と大川を結んだ歴史的意味を持つ。
- 数少ない明治時代製造の蒸気機関車は貴重な歴史資料でもある。

1 親しみのある風貌
この機関車で、定員50名の客車2〜3両と貨車1〜2両を牽いていた。

2 3 4輪連結の車輪構成
大川鉄道には9機の蒸気機関車が登録され、うち2機は6輪連結。残りは4輪連結の動輪構成だった。戦前戦中はガソリンカーや木炭車も導入されていた。

3

2

大川鉄道の歴史は明治40年に大川馬車軌道株式会社が申請した上久留米～大川間の馬車軌道にはじまる。大正元年12月、若津縄手間で営業を開始した大川軽便鉄道はすぐに大川鉄道株式会社と改名。事業は順調に推移し、周辺の路線も買収して地域振興に寄与した。やがて地方線の統合が進み、西日本鉄道株式会社が発足。戦後もしばらくは営業を続けたが、ついに昭和26年大川線は休止。その後一度も走ることなく昭和41年に廃止となった。展示されている機関車は開業当初からのものでドイツのコッペル社製。軌道幅は1067㎜である。愛らしい風貌と頼もしい足としての記憶は沿線の人びとに今も残っている。同社1912年製のほぼ同型の機関車が宮崎市原の通称交通公園にも展示されており、この時期に九州各地で地方鉄道が活躍していたことを物語る。

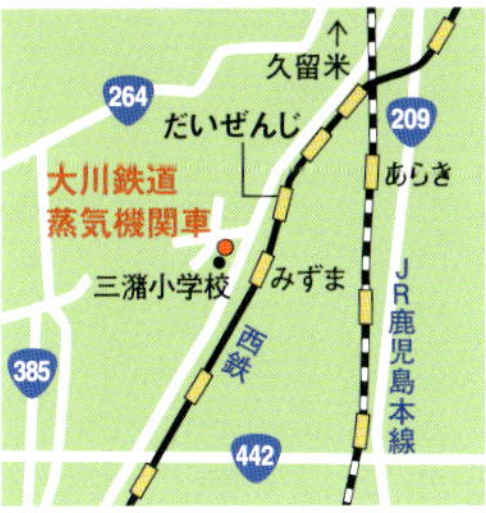

37340138

■アクセス
・西鉄天神大牟田線大善寺駅下車県道23号を南へ。早津崎三叉路より右折し、県道701号を約300m。三潴小前。
・JR久留米駅より西鉄バス大川橋行きにて約33分。三潴小前バス停下車すぐ。
■一帯はポッポ汽車のプロムナードとして整備されている。
■専用の駐車場はない。

■問い合わせ
三潴総合支所地域振興課　0942-64-2311

46 Nagasaki Electric Tramway Street Car No.168 (Model 160)

長《なが》崎《さき》電《でん》気《き》軌《き》道《どう》路《ろ》面《めん》電《でん》車《しゃ》168号《ごう》

■所在地―長崎県長崎市大橋町4・5（車庫）
■製造年―1911年（明治44年）
■長崎電気軌道は同年製造の花電車も現役で保有
■自重14t、定員66名、全長11486㎜、全幅2286㎜、車体高3734㎜（ビューゲル折たたみ時）

今なお明治のモーターで走り続ける日本最古の路面電車

日本最古の現役路面電車は元気だ。強力なモーターとシンプルな台車が木製の車体を支える。座り心地のしっかりした対面式のベンチ・シートと温もりに満ちた車内。95歳の電車は教えてくれる。公共の乗り物に求められる豊かさとは何か。街とともに生き、子どもたちに夢を与える交通とはどうあるべきかを。

POINT

● 郊外線で活躍していたために大きめの車輪が特徴。
● ドアは手動。行き先表示は渋い色の布製ロール、車内は白熱球で温かさを感じる。
● ブリル社の台車はシンプルで乗り心地が良い。優しくて強いおじいちゃんのような電車。

長崎電気軌道株式会社は大正3年に設立され、翌年から営業運転を開始。全国で自動車中心の交通体系へと転換が進む中、各地の車輌を譲り受け新造車輌と併用して健全な経営に役立ててきた。168号もまたそんな電車である。生まれは明治44年5月。九州電気軌道35号として誕生し、昭和17年からは合併により西鉄北九州線へ。福岡市内線での活躍を経て昭和33年末から長崎へやって来た。モーターは米国GE社製を2台搭載。台車はフィラデルフィアで路面電車や軽便鉄道の製作に名を馳せたJ.G.BRILL & COMPANY製27GE-1を現在も使用。現代の車輌に負けない加速力と乗り心地にはまさに脱帽である。木製のボディ、赤いモケット張りのベンチシート、明かり窓の付いた2段屋根や車体前方に突き出た救助網など、古いどころか新鮮ささえ感じる良き車輌である。

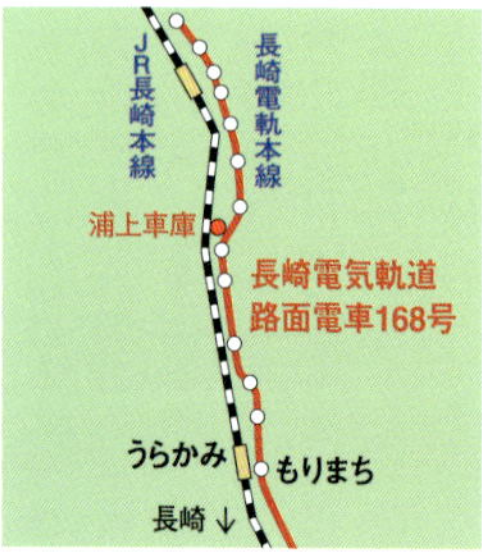

1 木製のボディ
改装されていたが明治のスタイルに復元された。川崎造船所兵庫工場製作の車体。
2 3 スッキリとして温かく、心地よいインテリア
余計なものは付いていない。木の温もりがあり、運転手も身近に感じる。

■「路面電車まつり」の遊覧電車などイベント時に運転。通常は浦上車庫にて動態保存。
■特別運行、イベントの情報は同社公式サイト
http://www.naga-den.com/btn.html
■問い合わせ
長崎電気軌道株式会社　095-845-4111

弦書房

出版案内

2025年初夏

『水俣物語』より
写真・小柴一良（第44回土門拳賞受賞）

弦書房
〒810-0041　福岡市中央区大名2-2-43-301
電話　092(726)9885　　FAX　092(726)9886
URL　http://genshobo.com/　E-mail　books@genshobo.com

◆表示価格はすべて税別です
◆送料無料（ただし、1000円未満の場合は送料250円を申し受けます）
◆図書目録請求呈

近代化遺産シリーズ

産業遺産巡礼《日本編》
市原猛志　全国津々浦々20年におよぶ調査の中から、選りすぐりの212か所を掲載。写真六〇〇点以上。その遺産はなぜそこにあるのか。　2200円

九州遺産《近現代遺産編101》【好評12刷】
砂田光紀　世界遺産「明治日本の産業革命遺産」九州内の主要な遺産群を収録。八幡製鉄所、三池炭鉱、集成館、軍艦島、三菱長崎造船所など101施設を紹介。　2000円

肥薩線の近代化遺産
熊本産業遺産研究会［編］　全国屈指の鉄道ファン人気の路線。二〇二〇年の水害で流失した「球磨川第一橋梁」など、建造物・構造物の姿を写真と文で記録した貴重な一冊。　2100円

熊本の近代化遺産　上 下
熊本産業遺産研究会・熊本まちなみトラスト
熊本県下の遺産を全2巻で紹介。世界遺産推薦の「三角港」「万田坑」を含む貴重な遺産を収録。　各1900円

北九州の近代化遺産
北九州地域史研究会編　日本の近代化遺産の密集地北九州。産業・軍事・商業・生活遺産など60ヶ所を案内。　2200円

◆各種出版承ります
歴史書、画文集、句歌集、詩集、随筆集など様々な分野の本作りを行っています。ぜひお気軽にご連絡ください。
☎092・726・9885
e-mail books@genshobo.com

比較文化という道

歴史を複眼で見る　2014〜2024
平川祐弘　鷗外、漱石、紫式部も、複眼の視角でとらえて語る。ダンテ『神曲』の翻訳者、比較文化関係論の碩学による84の卓見。　2100円

メタファー思考は科学の母
大嶋仁　心の傷は過去の記憶を再生し誰かに伝えることでいやされていく。その文学的思考の大切さを説く。　1900円

生きた言語とは何か　思考停止への警鐘
大嶋仁　なぜ私たちは、実感のない言葉に惑わされるのか。文学・科学の両面から考察。　1900円

比較文学論集　日本・中国・ロシア《金原理先生と清水孝純先生を偲んで》
日本比較文学会九州支部［編］西槇偉［監修］　安部公房、漱石、司馬遷、プルースト等を軸に、最新の比較文学論を展開。　2800円

【新編】荒野に立つ虹
渡辺京二　行きづまった現代文明をどう見極めればよいのか。二つの課題と対峙した思索の書。　2700円

玄洋社とは何者か
浦辺登　テロリスト集団という虚像から自由民権団体という実像へ修正を迫る。近代史の穴を埋める労作！　2000円

1

3

2

1

47 Floating Crane "Dai Kongo Maru"

クレーン船《せん》大《だい》金《こん》剛《ごう》丸《まる》

■所在地―福岡県大牟田市新港町1番地（三池港内）

■設　置―1905年（明治38年）※中古で購入した年

■『福岡県の近代化遺産』（財）西日本文化協会刊によると、中古購入された1905年はちょうど三池港築港の ただ中であり金剛丸も築港作業に従事していたと考えられるという。

今なお蒸気機関で動くリバプール生まれのフローティング・クレーン

石炭積出港として活躍した三池港にただ一つ、築港の段階から時代の流れを見つめてきたものがある。フローティング・クレーン大金剛丸。力強い船名とは裏腹に小さな船、黄色いクレーンがかわいらしい。石炭を焚いて蒸気で駆動するクレーンは現役。近代化のまっただ中から現在まで稼働する明治生まれのマシンである。

POINT

- 木造の上屋は後方が曲面。煙突を備えたかわいい意匠。
- 明治のスチーム・マシンそのものが現役で動く極めて稀な例である。
- 三池港の築坑、石炭全盛期を象徴する記念碑的存在。

昭和37年に建造された鉄製の船体に、明治38年に大阪築港会社から中古で購入されたクレーン部が乗る。購入時は船体も木造だった。明治の姿をとどめるクレーン上屋は木製である。外観は丁寧に塗色され、手入れが行き届いている。内部に据えられた石炭ボイラーは縦型で、昭和48年に取り替えられたもの。それ以外の機械は原型をとどめ、歯車等が露出する。フライホイールにはJOHN H WILSON & Co LTD LIVERPOOLの浮き文字が見えるが、この会社は当時、英国リバプールを拠点に鋳鉄製品などを生産していた。※大きなレバーを動かす運転はさぞ難しかろうと思いきや、「一つ一つ着実に動かすので実に単純で安全性も高い。」と現場の方は愛おしそうに語る。点火してから1時間半以上をかけて始動する石炭蒸気機関も100年を経てビクともしない。おそらく日本最古の現役蒸気機関クレーン船であろう大金剛丸。未来永劫に残したい三池港の生き証人である。

69335144

■**アクセス** JR、西鉄大牟田駅より車で約5分。
九州道南関I.C.から車で約25分。
■浮き桟橋付近は立入禁止。三池港ドッグ南側バースに遠望できる。
■**問い合わせ**
三井鉱山株式会社三池事業所
0944-57-3105

1 三池港内にたたずむ大金剛丸
クレーンの吊り上げ能力は15t。同様のクレーンは広島県呉市にあるが、すでに引退し、展望台として余生を送っている。

2 かわいらしい上屋
木造の上屋は外面を黄色、内面を白く塗色されている。

3 4 運転台から見た歯車類
ベベルギアやウオームギアなど、単純だがしっかりした伝達機構を眺めることができる。

※資料所蔵:National Museums Liverpool: Maritime Archives and Library

48 Miike Coal Mine

三《み》池《いけ》炭《たん》鉱《こう》

■所在地―福岡県大牟田市宮原町、宮浦町、他
熊本県荒尾市原万田～福岡県大牟田市桜町

■竣　工―1873年（明治6年）官収
（平成9年 有明坑閉山）

■世界遺産「明治日本の産業革命遺産」

■万田坑、宮原坑／国指定重要文化財、国指定史跡

■宮浦坑大煙突、旧三川電鉄変電所／登録有形文化財

■三池集治監外塀および石垣／県指定有形文化財

■万田坑／Aランク近代土木遺産・宮原坑／Bランク近代土木遺産

3 第二竪坑櫓と捲揚機室／現存する我が国最大の炭鉱施設。櫓を介して捲き揚げるための機械は煉瓦建物内に現存する。

郵　便　は　が　き

料金受取人払郵便

福岡中央局
承　認

18

差出有効期間
2026年２月
28日まで

(切手不要)

８１０-８７９０

156

福岡市中央区大名
二－二－四三
ＥＬＫ大名ビル三〇一

弦書房

読者サービス係　行

通信欄

年　　月　　日

このはがきを、小社への通信あるいは小社刊行物の注文にご利用下さい。より早くより確実に入手できます。

お名前

（　　　歳）

ご住所

〒

電話

ご職業

お求めになった本のタイトル

ご希望のテーマ・企画

●購入申込書

※直接ご注文（直送）の場合、現品到着後、お振込みください。
送料無料（ただし、1,000円未満の場合は送料250円を申し受けます）

書名	冊
書名	冊
書名	冊

弦書房
〒810-0041　福岡市中央区大名2-2-43-301
電話 092(726)9885　FAX 092(726)9886
URL http://genshobo.com/　E-mail books@genshobo.com

万田坑（P.110-111）／熊本県荒尾市原万田～福岡県大牟田市桜町　1898年（明治31年）開削

1～6 万田坑の施設／他の鉱区と地下でつながり、排水のために最後まで利用された。
明治期創建の施設群が操業時の雰囲気を今に伝える。

石炭王国の在りし日を語る近代化の象徴

住宅地にすっくと立つ鉄の櫓と赤レンガの館。線路跡の草むらが延々と続く。三池から石炭採掘の灯が消えたのは平成9年。藩政時代から連綿と続いた「ヤマ」の歴史は常に日本の近代化とともにあったが、その結末はあっけなかった。日本一の産炭量を誇った三池の歴史には光と影がある。すべてを知る炭鉱の遺跡。未来に伝えるべきメッセージも多い。

POINT

- 明治期から続いた採炭の現場がありのままの姿で残る。
- 点在する坑口や施設群から三池炭田全体の構造が見える。
- 近代化の光と影が明解に残る歴史的メモリアル。

熊本県と福岡県にまたがる炭田地帯は明治6年以降官営となり、明治9年には英国人ポッターの指導で炭田全体の整理と近代化が始まった。ウィークポイントの排水を汲み上げるためにポンプ設置をすすめ、石炭搬出についても蒸気機関による曳揚機で機械化を図る。しかし明治末まで人力による水車排水が行われ、馬による石炭搬出はその後も続いた。三池炭鉱では囚人使役が行われ、特に明治16年に三池集治監を設置した後は労働力の多くを囚人に依存したのである。明治22年、三井家に払い下げられた三池炭鉱は団琢磨事務長の指導の元に次々と有望な坑口を開削。産炭の輸送経路も開発して遂に日本最大の炭鉱として君臨することになった。

■万田坑／見学については教育委員会に問い合わせの事。
■宮原坑／柵外より見学可。今後整備の予定。
■宮浦坑／公園化され、見学可能。
■集治監／塀の外まわりを散策可能。
■三川坑／門の外のみ見ることができる。

■問い合わせ
万田坑／荒尾市教育委員会　0968-63-1681
宮原坑／大牟田市教育委員会生涯学習課　0944-41-2864
宮浦坑／大牟田市公園緑地課　0944-41-2222
三池集治監外塀／大牟田市教育委員会生涯学習課　0944-41-2864、大牟田市石炭産業科学館　0944-53-2377

■アクセス
万田坑
・JR荒尾駅より産交バス万田中・倉掛方面行にて万田公園前下車、徒歩8分。
・JR大牟田駅より西鉄バス笹林・一部橋経由倉掛行きにて神田または倉掛で下車、徒歩5分。
宮原坑
・JR大牟田駅より西鉄バス有明高専、帝京短大行きにて早鐘眼鏡橋下車、徒歩10分。
宮浦坑・宮浦石炭公園
・JR大牟田駅より西鉄バス有明高専、帝京短大、倉掛行きにて上官交差点下車、東へ。徒歩10分。
・駐車場有り（普通車5台）。
三川坑
・JR荒尾駅より西鉄バス久福木団地行きにて10分、三川町一丁目下車、徒歩3分。
・JR大牟田駅より西鉄バス荒尾営業所行きにて10分、三川町一丁目下車、徒歩3分。

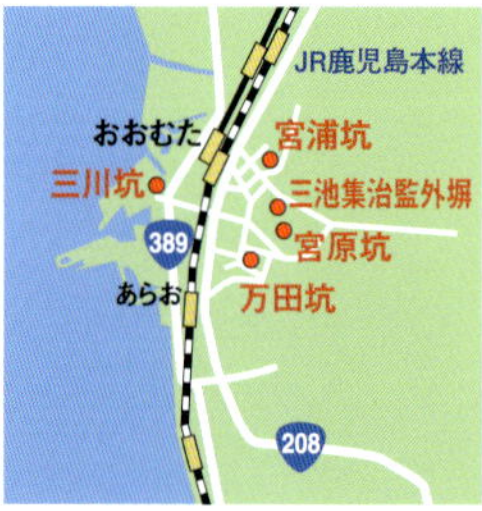

万田坑 69279847　宮原坑 69340180
宮浦坑:宮浦石炭公園 69369895　三池集治監外塀 69369085　三川坑 69336752

宮原坑（P.113）／福岡県大牟田市宮原町　1898年（明治31年）開削
■第二竪坑櫓と捲揚機室／囚人たちにシラ坑（修羅坑）と恐れられたという採炭現場は一帯の地下に眠る。揚水もこの坑口の大きな役割だった。

1

宮浦坑（P.114-115）／福岡県大牟田市西宮浦町　1887年（明治20年）開削

1 大煙突／明治20年開坑の宮浦坑に設置された捲揚機用ボイラーの煉瓦造り煙突。

2 斜坑と人車／坑内に坑夫たちを運んだ人車が保存展示されている。

三池集治監外塀／福岡県大牟田市上官町4-77　1883年（明治16年）竣工

3 4 今も残る三池集治監外塀／ここに収監された最大時2166名の囚人は三池炭鉱での労働に駆り出された。その出役は昭和5年まで続く。忘れることなく伝えなければならない負の遺産は現在も高等学校の塀として機能している。

三川坑／福岡県大牟田市西港町2-30　1940年（昭和15年）開削

5 旧三川電鉄変電所

6 三川坑正門／「総資本対総労働」として有名な我が国最大の労働争議、「三池争議」の舞台。他に三川坑は昭和天皇の御入坑や戦後復興を支えた優良坑としての光の歴史と、犠牲者458名、一酸化炭素中毒者800余名を出した炭塵爆発という陰の歴史を合わせ持つ歴史の証人でもある。

49 Miike Port Lock Gate & Highspeed Coal Loader No.3 "Dan-Kuro Loader"

三《み》池《いけ》港《こう》閘《こう》門《もん》・三《み》池《いけ》式《しき》快《かい》速《そく》石《せき》炭《たん》船《ふな》積《づ》機《き》3号《ごう》機《き》（ダンクロローダー）

1

4

3

■所在地—福岡県大牟田市新港町1番地
■竣　工—閘門／1908年（明治41年）
ダンクロローダー／1911年（明治44年）
■ダンクロローダー設計者—團琢磨、黒田恒馬、牧田環
■閘門扉—英国製
■一部が世界遺産「明治日本の産業革命遺産」
■閘門／Aランク近代土木遺産
■ダンクロローダー／Bランク近代土木遺産（廃止）

2

6

5

1 2 3 閘門周辺／幅18.5mまでの船舶が通過できるという。閘門には左右から伸びる連絡橋や、非常時に曳き船で閉門するためのキャプスタン（ロープを懸ける大型水平滑車）が備えられている。
4 5 スルーゲート／むき出しのギアが美しい。水門を支える煉瓦の柱には自然石のコーナーストーンが配されている。
6 水圧ポンプ／手入れの行き届いたシリンダーが光る。巨大な鉄扉を駆動するのに水圧を利用している。

三池炭鉱の石炭輸送に大型船を導入させた立て役者

愛らしい洋風の機械室にピカピカのポンプが並んでいる。炭鉱の本場、イギリスから持ち帰った技術と機械が三池に近代化の風をもたらした。その片鱗は今も港の周辺にちりばめられたまま。風景もどこか英国風である。ヤマの火は消えたけれど、日本で唯一、閘門式の港に明治の薫りが漂っている。

三池港閘門

三池港には門がある。遠浅で干満の差が激しい有明海に港を造るのは至難の業。しかし三池の石炭をわざわざ島原半島の口之津まで運んで大型船に積み替えていてはあまりに効率が悪い。考え出されたのは港に門を作り、引き潮になっても海水をプールのように溜めてしまう作戦である。細く絞った港の入口は花崗岩で固められ、そこに英国製の鋼鉄の門が設置された。これを閉め切ることで港内には1万tクラスの船を接岸したまま引き潮をやり過ごすことができるようになった。閘門の両側には船の出入港時などに港内の水圧を逃がすスルーゲートも現役で残る。機械室の裏には古い水圧タンクがあり、1枚あたり90t以上もある閘門を小さなエネルギーで駆動する。すべての機械が機能美に満ちているのが三池港閘門最大の特徴である。

POINT

- 幅約12・2m。高さ約8・8mを計る巨大な閘門が動き、港をドック状にする。
- イギリスの閘門式運河を思わせる瀟洒な機械室。
- 閘門周辺の姿は三池港開港当時からあまり変わっていない。

■完成時の閘門／現在もほぼそのまま使用されている閘門。三池港内に海水を入れる前の貴重な写真である。
『三井三池各事業所写真帖』
町田定明 発行・編集 1926 より

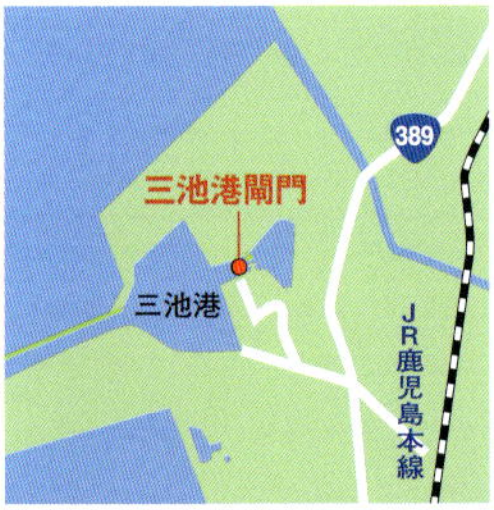

69335259

■三池港へのアクセス

・西鉄大牟田駅より大牟田交通バス三池港行きにて約8分、三池港下車徒歩1分。
・九州道南関I.C.より県道10号にて大牟田市方面へ。唐船交差点左折、県道18号、国道389経由三川町一交差点を右折。
■三池港閘門は周囲から眺めることができる。水辺なので注意が必要。月に何度かは開閉も。
■ダンクロローダーはすでに撤去された。

ダンクロローダー

今回、調査作業を進める間に失われた唯一の遺産である。石炭を早く、効率よく船積みするためのマシン。欧米視察から戻った團琢磨らと技術主任の黒田恒馬が開発したことから「ダンクロローダー」と呼ばれた。石炭をバケットに乗せ、スロープに沿って捲き揚げて船倉に落とす仕組みだが、ローダー自体に台車が付いており、岸壁に沿ってレール上を横移動できる。大型船に石炭を積む際の効率が飛躍的に向上した。三池の名士、團琢磨らの名を戴くこの愛嬌ある機械もまた、閉山という歴史の流れにはかなわなかった。恐らくは愛着ある関係者たちも断腸の思いであったろう。平成16年11月、ダンクロローダーは解体され、静かに三池から消えていった。

POINT

- 三池鉱山合名会社専務理事の團琢磨が自ら手がけた近代化の切り札。
- このローダーによって、炭鉱の坑口から船まで一貫した運搬が可能となった。
- 失われたものは戻らない。近代化の足跡を未来に伝える仕組みを官民協力のもとに考えたい。

■**港に立つ勇姿**／無骨な機械ながらどこか愛嬌がある。国産らしい無骨さと、創意工夫が感じられる明治の機械である。
1 脚部／横向きに移動できるよう鉄輪を備えている。

50 Taio Gold Mine

鯛《たい》生《お》金《きん》山《ざん》

■所在地—大分県日田市中津江村合瀬
■竣　工—1898年（明治31年）採掘開始
■初期の名称／鯛生野金山

古い坑口

日本一の産出量を誇った山深い金山

奥深い山ふところに金に湧いた村がある。明治27年、干魚商人が山中で拾った1個の石が金山の発見に繋がったという。大正期には英国人H・ハンターがイギリス仕込みの近代採掘法を導入。経営者が変わった昭和初期には良鉱脈に遭遇。日本一の金山として名を馳せた。閉山した今も坑道を散策すれば往時の賑わいが見えるようだ。

POINT

- 坑口からアプローチ、竪坑まで見ることができる。
- 精錬所跡も残り、中を覗くことができる。
- 周囲を散策するとハンター時代の倶楽部の基礎などを見る。

福岡と大分の県境を貫くように２・６㎞の運搬坑道が伸びている。足下には30mごとに水平坑道が掘られ、地下５４０mまでそれが繰り返された。総延長はなんと１７０㎞。創業時には素朴な手作業による掘削と水車精錬が行われていたが、ハンス・ハンターが鉱業権を得る頃には水力発電所を設けてエアー削岩、火薬、竪坑エレベーターなどの近代掘削法を採用。撰鉱、精錬の効率も上がった。産出量はこの時期から飛躍的に伸び、周囲の山村も鉱山町に変貌した。昭和に入って産出量はピークを迎えたが第二次大戦を契機に低迷。戦後復活を図るも有望な鉱脈に恵まれず、昭和47年に閉山する。金山跡地は中津江村に寄付され、地底博物館として一般公開を開始。現在も坑道の一部を見学コースとして歩くことができ、金山という非日常の世界を垣間見ることができる。

1 2 坑口／鯛生口は大分県、矢部口は福岡県にある。
3 4 坑内の様子／炭坑とは違う鉱物の世界。それでも操業時には機械音が響き渡っていた。
5 倶楽部跡／頑強なコンクリート基礎。古写真によるとこの上に立派な娯楽室を設けた腰折れ屋根のロッジ風洋館が建っていた。今は探鉱時のものと思われるボーリングピースが寂しく転がっている。

202121878

■アクセス
・九州道八女I.C.より国道442号を八女、黒木方面へ。車で約1時間10分。
・大分道日田I.C.より国道212号、松原ダムより県道647号、津江中より中津江村方面をめざし国道442号へ。約1時間。
■地底博物館鯛生金山は元旦や臨時休業を除いて無休。詳しくは問い合わせを。
■無料駐車場有り。宿泊可能なケビンもある。
■問い合わせ
地底博物館鯛生金山　0973-56-5316

2

1

4

3

5

51 Mitate Tin Mine Clubhouse

見《み》立《たて》鉱《こう》山《ざん》倶《く》楽《ら》部《ぶ》

■所在地―宮崎県日之影町大字見立2107・8
■竣　工―1924年頃（大正13年頃）
■設計者―不詳
■ハンターは社交家であり、中禅寺湖周辺に日本で活躍中の実業家や各国大使を招いて自然と戯れた。そんな親交がアントニン・レイモンドとの間にもあった。
■登録有形文化財

ハンターとレイモンドの友情が結んだ倶楽部建築

日之影からさらに山奥へ。傾山の麓に見立鉱山はあった。神戸生まれの英国人H・ハンターは鯛生金山の次に見立鉱山の経営に着手。彼はここでも効果を上げる。外国人技術者の宿泊やサロン、賓客の迎賓館として使われた倶楽部が今も姿をとどめる。日本に近代建築をもたらしたアントニン・レイモンドの様式が深山に隠れている。

POINT

● 丸太材をそのまま使った柱や垂木はこの時代に珍しかった。
● シンプルな暖炉、部屋を囲む深めのベンチが倶楽部らしさを醸し出す。
● サロンに置かれたオリジナルのテーブル、チェアはジョージ・ナカシマのデザインと推測される。

ハンス・ハンター（範多範三郎）は明治17年に英国人実業家の父と日本人の母の間に生まれている。7歳の時に英国に留学し鉱山学を修得。英国籍を得て帰国してからは鯛生金山を経営。大正13年に見立鉱山の鉱業権を取得し、本格的な錫の採掘に従事した。倶楽部は彼と親交のあった建築界の巨匠アントニン・レイモンドの手による独特な様式で、端正な和の要素と洋風別荘の要素を融合。地元材の地肌の個性を各所にちりばめ、家具にまでその哲学を貫く。デコラティブな洋風建築が最ももてはやされた時代に素材を活かすシンプルな意匠。暖炉や作りつけのベンチ、建具にも現代に通じる趣味を読み取ることができる。床下にスチーム暖房を廻らし、輸入品のバスタブや洗面台を配した贅沢なクラブハウス。九州の奥地にこれほどの建築があることを知る人はまだ多くない。

1 シンプルな外観／切妻屋根のラインが流麗。しかし途中からほんの少し折っているのも見逃せない。
2 居心地の良いインテリア／当時の写真を見ると外国人技師らがここでくつろいでいる。庭には現在もカモシカが姿を見せる。

498729263

■アクセス
・国道218号青雲橋にて日之影町役場付近まで坂を下り、県道6号を見立渓谷方面へ。日之影中心街より車で約40分。
・TR高千穂鉄道日之影温泉駅下車。タクシーにて約40分。
■近くに宿泊できるケビンがある。
■倶楽部は見立鉱山の歴史を展示する「見立英国館」として公開中。不定休。

■問い合わせ
日之影町観光協会　0982-87-2491
見立英国館　0982-89-1213

1

2

52 Mitsui Tagawa Coal Mine (Smokestacks, Ita No.1 Shaft Winding Tower and Cage, No.6 Slagheap)

三《み》井《い》田《た》川《がわ》炭《たん》鉱《こう》
大《だい》煙《えん》突《とつ》・伊《い》田《た》第《だい》1竪《たて》坑《こう》櫓《やぐら》
ケージ等《とう》・第《だい》6坑《こう》ボタ山《やま》

■所在地―福岡県田川市大字伊田、他

■竣　工―煙突／1908年（明治41年）操業開始
竪坑櫓／1910年（明治43年）
ボタ山発生／1948年（昭和23年）

■竪坑櫓／Cランク近代土木遺産

筑豊のシンボルとしてそびえるタワーと大煙突

お月さんも煙たがった大煙突は今も健在である。筑豊から炭鉱の火が消えて久しいが、黒いダイヤに賑わっていた時代の面影がここにはある。一帯には田川炭鉱の痕跡をとどめる遺物が数多く残され、第6坑のボタ山も見える。筑豊といえば炭鉱を思い浮かべた時代は遠く去りつつあるが、歴史の光と陰を未来に残す場は必要である。

筑豊炭田は明治中期頃にそれまでの小規模坑による無秩序な掘削から鉱区選定による大規模経営へと転換期を迎える。この頃三井鉱山が進出し三井田川炭鉱が発足。伊田竪坑の計画はここからスタートする。大正末期には同坑の出炭量が100万tの大台を越え、昭和39年の閉山まで日本を代表する炭鉱として不動の地位を築いていた。伊田坑の跡地には田川市石炭資料館が建設され、周囲は石炭記念公園として整備された。第1竪坑櫓や大煙突、炭鉱住宅、各種掘削機械や坑内電車なども保存・展示されている。高台には三井田川炭鉱で犠牲となった坑夫や朝鮮人坑夫たちの慰霊碑もあり、歴史の重みを感じる場所となっている。

大煙突

P O I N T

- 高さ約45・5mの煙突が2本立つ。炭鉱節に歌われた煙突との説がある。
- 伊田竪坑の開削時に使われた捲揚機の動力用蒸気ボイラーから煙を排出した。
- ドイツ製の耐火煉瓦に日本製も加えて作られたという。

■2本の大煙突
12台のボイラーから排出される煙をこの2本で空に立ち上げた。

■**大煙突・伊田竪坑付近へのアクセス**　JR田川伊田駅より徒歩5分。石炭記念公園内。

■田川市石炭記念公園に無料駐車場有り。

■**田川市石炭資料館**
午前9時半～午後5時半　毎週月曜休館（毎月第3日曜日の翌日を除く）・第3日曜日・国民の祝日及び休日の翌日（翌日が日曜日又は休館日にあたるときは、その翌々日）
0947-44-5745

96488420

1

2

伊田第1竪坑櫓・ケージ

POINT

- 明治38年に始まった竪坑の開削には5年以上の月日を要した。
- 2本掘られた竪坑は直径5・4m、深さ約362mに達した。
- 真っ赤な鉄製の第1竪坑櫓は現在も勇姿をとどめ、日本三大竪坑と謳われた時代を物語る。
- 櫓とともにケージも屋外展示されている。

1 空に映えるスリムなタワー
深度から考えると意外なほどにスリムな櫓である。

第6坑ボタ山

POINT

- かつて筑豊を代表する風景だったボタ山もここと仕友忠隈坑のものが残るのみ。
- すでに表面を木々が覆い、かつての黒い山の面影はない。

2 ボタ山
すでにボタ山らしさを失いつつあるが、まぎれもなく炭鉱が産んだ風景である。
3 ケージ
4 坑内用機関車
5 炭坑住宅

3

4

5

53 Amakusa Coal Mine (Oniki & Eboshi Pits)

天《あま》草《くさ》炭《たん》鉱《こう》 魚《お》貫《にき》坑《こう》・烏《え》帽《ぼ》子《し》坑《こう》

1

2

海底の炭坑にアプローチする波打ち際の坑口

波に洗われて剥がれ落ちたレンガが時の流れを物語る。海中からすっくと頭をもたげたような坑口の風景。良質な無煙炭を産出し、海軍の艦船に燃料を供給した天草の炭坑群。九州の西岸につづく石炭の層はのどかな漁村に産業の風を吹かせ、そして消えていった。波と風にさらされながら立つ坑口が藍色の海に浮かんで見える。

■所在地―熊本県天草市魚貫町、牛深町下須島字西岸
■竣　工―1897年（明治30年）
■魚貫坑／最終期は魚貫炭坑株式会社が操業
■烏帽子坑／市指定史跡、Bランク近代土木遺産
天草炭業株式会社、のちに日本煉炭株式会社に贈与

1 2 烏帽子坑／煉瓦にくるまれた坑口を守るように切石製の防波堤が築かれている。
3 魚貫坑の施設／昭和中期まで操業したために、コンクリート製のホッパーなどが海岸に残る。周囲には石炭も散在。

POINT

● 海上にレンガ造りの坑口を残す烏帽子坑。
● 機械化以前の烏帽子坑と近代採掘の魚貫坑が時代の違いを見せる。
● 魚貫周辺にはホッパーなどの施設跡が姿を残す。

天草下島の西海岸に点在する炭坑群は北部、中部、南部に大別される。魚貫坑と烏帽子坑は最も南に位置する炭坑で、幕末から明治にかけては個人事業者による採炭がはじまり、明治から大正期には企業による出炭が本格化して最盛期を迎えた。時あたかも日清、日露戦争の時代であり、エネルギー効率が良くて煙の少ない無煙炭として艦船の燃料に使用されたのである。したがって烏帽子坑も地元では海軍炭坑と呼ばれたが、操業は長く続かなかった。当時の採炭は掘削から搬出、排水までも人力にたよっていたと思われ、海上に残る坑口に当時の労苦が偲ばれる。魚貫坑は企業による近代採炭が続行され、昭和中期まで操業した。ほとんど痕跡をとどめない天草の小規模炭坑にあって、ここだけはいくつかの施設が海岸に残されており、集落には炭坑会社住宅の風情もある。

魚貫坑 299840174
烏帽子抗 299601439

■アクセス
魚貫坑／牛深港フェリーターミナルより県道35号を北上。魚貫漁港先のトンネルを過ぎたら左折。一帯が炭坑跡。

烏帽子抗／牛深港フェリーターミナルよりハイヤ大橋を渡り、通天橋を渡って下須島へ。西まわりの道路で小森漁港を目指すと坑口が見える。
■基本的に観光地ではないのでマナーを守り、安全に見学したい。
■烏帽子坑は船無しでは近づけない。近隣の港や道路から望める。
■問い合わせ
牛深市教育委員会　0969-73-2111

54 Hashima Coal Mine, Gunkan-Jima "Battleship Island"

端《は》島《しま》炭《たん》坑《こう》

■所在地—長崎県長崎市高島町端島
■操　業—1877年〜1974年（明治20年〜昭和49年）
■世界遺産「明治日本の産業革命遺産」

1

記憶の彼方に崩れ去る洋上の炭鉱都市

その島は軍艦島と呼ばれる。昭和49年の閉山まで、地下1000mの海底炭田を掘削していた炭鉱のための洋上都市。もとは小さな瀬だったところを埋め立て、炭鉱施設とアパート、学校などを建設。最盛期には5000人余りの人びとが暮らしていた。閉山から30年を経て風化が進み、日本最大の廃墟として洋上に浮かぶ。

POINT

- ●名称のとおり、軍艦のように見える異様な人工島。
- ●炭鉱という拠り所に形成された特異な都市である。
- ●最古の鉄筋コンクリート住宅など建築学的に価値ある遺構が残る。

480m×160m。ここに5000人以上の人びとがひしめき合った。狭い土地に多くの人が集中し、建物は高層化が進んだ。大正5年に建造された最古の鉄筋コンクリートアパートも残っている。幼稚園、小・中学校、病院、売店、遊戯施設、理髪店、交番、集会場、神社、映画館。まさに町としての機能を備えた過密空間。もちろん、竪坑、選炭場、貯炭場、積み込み桟橋などの炭鉱設備が面積の多くを占めていた。国内で最も良質な石炭を産出することで有名だった端島炭坑も採算の悪化に伴い閉山。無人島となった島はすぐに荒廃し、現在では立入禁止になる程風化が進んでいる。大正から昭和期の高層アパート群という価値ある建築と特異な炭鉱都市の遺構。そして炭鉱関連施設。近代化を雄弁に物語る軍艦島は人を寄せ付けないままに静かに崩壊の歩を進めている。

443425035

1 遠望する端島
島への立ち入りが完全に禁止されている現在、軍艦島は沿岸の海岸線か高島、またはクルーズ船から遠望するほかない。

■アクセス
※上陸不可のため、展望可能な海岸線を記載。
・長崎市より国道499号を南下。出島道路出口より野母崎方面へ約30分で天候が良ければ端島が望める。
■島への一切の立ち入りは禁止されている。
■夏場を中心に対岸の港や高島から見学クルーズが出港しているのでこちらを利用したい。

55 Shuseikan Project Facilities (Machine Shop, Old Reverbetory Site and Guesthouse)

集《しゅう》成《せい》館《かん》
集《しゅう》成《せい》館《かん》関《かん》連《れん》遺《い》跡《せき》

■所在地―鹿児島県鹿児島市吉野町
■世界遺産「明治日本の産業革命遺産」
■旧集成館／国指定史跡
■機械工場／1865年（慶応元年）竣工、国指定重要文化財
■反射炉／1857年（安政4年）製造
■鹿児島紡績所技師館（異人館）／1867年（慶応3年）竣工、国指定重要文化財、国指定史跡
設計者／シリングフォード N.Shillingford との説がある。

日本の近代化をリードした最古の工業コンビナート

爽やかな風が吹く錦江湾越しに桜島が構える。歴代の島津家当主が愛した風光明媚な磯の別邸。だがここは西洋式の産業・科学導入に先鞭をつけた日本近代化の聖地でもある。鋳鉄、ガラス、紡績、機械などの生産に果敢にチャレンジした我が国最初の工業コンビナート。工場の石壁には人びとの熱い思いがノミ跡として残っている。

海に囲まれ、南西諸島を経て台湾、東南アジアに連なる薩摩は古来より来航や漂着が多く、海外からの情報に敏感だった。大航海時代以降の長い鎖国の眠りを覚ましたのは東南アジアを脅かした欧米列

強の外圧である。薩摩藩はいち早く近代化の必要性を自覚。西洋の技術を学びながら各種工業への挑戦をはじめる。試行錯誤の連続ではあるが、連綿と培われた日本のそして薩摩の伝統的な技が基礎として根付いていた。藩主になった島津斉彬は洋式軍艦の造船に着手。磯の別邸近くに反射炉を設けて鉄製鋳造砲の製作に乗り出した。他に紡績、ガラス、印刷、通信などさまざまな分野の実験、製造に着手し、集成館というわが国初の多分野工場群を形成したのである。集成館事業は薩英戦争の経験でさらに重要度が認識され、機械工場をはじめ紡績工場の新設など事業の拡大につながった。その多くは西南戦争によって灰燼に帰すが、彼らの目指した近代化への情熱は人びとの中に志として生き、近代日本の産業や国家観に大きな影響を与えた。すなわち、産業で身を立ててきた日本のルーツはここにあると言っても過言ではない。

集成館機械工場

POINT

- 凝灰岩を丁寧に削り上げ積み上げた壁面。亀腹石と呼ばれる基部の石が美しい。
- 大正時代に展示館に転用の際、近代刑務所設計で有名な山下啓次郎がポーチ部を設計。
- 西洋の建築技術を薩摩の地に具体化しようとした人びとの努力が滲む建物。

■機械工場の外観
重厚な切石積みの壁面が工場の風格を今に伝えている。後年に加えられたポーチ部も秀逸。日本最古の工場建物には威厳さえ漂う。

1

4

3

2

1～5 コロニアルスタイルの美しいゲストハウス
4面にバルコニーを設け、多面形のポーチ部が独特な洋館。敷石などに凝灰岩を使う。外国人のための宿舎であり、サロンであったろう贅沢な雰囲気は今も色褪せていない。
6 反射炉の構造
燃料の発する輻射（ふくしゃ）熱を使って鉄を溶融する大砲鋳造には欠かせない仕組み。スロープを含む複雑な石組みを見ると当時の苦労が偲ばれる。

■アクセス
・九州新幹線鹿児島中央駅よりタクシーにて約20分。JR鹿児島駅より国道10号線にて約10分。
・鹿児島観光の途上で見るなら「かごしまシティビュー」の利用をお勧めしたい。
・仙巌園内に反射炉跡あり。尚古集成館（旧機械工場）とともに見学可能。要入園料。徒歩2分で異人館。
■駐車場有り。一帯は仙巌園として公園整備されている。年中無休
■機械工場は現在、尚古集成館として展示公開されている。
■異人館は無料で観覧できる。午前9時～午後5時　水曜日休館。
■問い合わせ
仙巌園　099-247-1551
異人館　099-247-3401

42099614

鹿児島紡績所技師館（異人館）

POINT
● イギリスから招いた紡績工場の技師たちが滞在した本格的な木造洋館。
● 初期の洋館らしく、小屋組みには日本の技術と尺寸が使われている。

反射炉跡

POINT
● 耐火煉瓦の炉塔は残っていないが、底部の石積みが良く残る。
● 鋳鉄砲の製造を目指した大がかりな仕掛けを実感できる。

1

56 Former Government controlled Yawata Iron Works Higashida Blast Furnace No.1

官《かん》営《えい》八《や》幡《わた》製《せい》鉄《てつ》所《じょ》 東《ひがし》田《だ》第《だい》1高《こう》炉《ろ》

■所在地―福岡県北九州市八幡東区東田2
■竣　工―1901年（明治34年）
■設計者―独人リュールマン（当初）
■建　設―独グーテホフヌンク・ヒュッテ社（当初）
■市指定史跡

日本における近代製鉄に灯をともした明治の溶鉱炉

鉄の町にはまだコークスの匂いが漂う。夜空に浮かび上がる高炉にくっきりと光る1901の文字。近代化を進める明治政府は、あらゆる機械、交通機関、武器などの材料となる鉄を国産化しようと試みた。失敗につぐ失敗。八幡に創設された高圧高炉でも辛酸をなめたが、努力の甲斐あってついに夢は叶ったのである。

明治政府は当初、原料となる鉄鉱石を産する釜石に製鉄拠点を設けようとした。しかし高炉の設計に問題があり、結局2年後には廃止して民間に払い下げてしまう。次に計画されたのが官営八幡製鉄所である。欧米の製鉄所を視察した結果、ドイツ方式で建設することを決定。技師を招いて明治30年から工事に取りかかった。明治34年。晴れて高炉が完成し運転を開始したのもつかの間。またも炉の火を落とすほどのトラブルにさいなまれる。原因はドイツ式の炉をそのまま採用したことであった。燃料となるコークスの質が異なる日本にあって、すべてを外国に頼った結果である。やがて高炉の改造により製鉄は成功。経営的にも軌道に乗ることとなった。その後昭和47年の廃炉まで、日本のあらゆる建設・生産現場にこの高炉の鉄が旅立っていったのである。

POINT

- 夜はライトアップされ、地域のランドマーク的存在である。
- 高炉は開放され、外観、内部ともに見学することができる。
- 創業当時、官営八幡製鉄所には竹久夢二も図工として勤務した。

1 夜空に映える高炉
すっかり整備され、塗色も施されて美しくなった高炉。

2 高炉内部
高炉内部。火は昼夜連続して焚き続けられた。

3 転炉
高炉周辺では転炉や熱風炉などにも解説が加えられ見学できる。

■アクセス
・JR鹿児島本線スペースワールド駅下車すぐ。
・北九州都市高速大谷出入口より国道3号へ。スペースワールド駅を目指すと高炉が見える。
■公開／
午前9時～午後5時
月曜（休日の場合は翌日）
年末年始休館
■近くに有料駐車場など有り。
■問い合わせ
北九州市企画局企画政策室
093-582-2153

16396898

1

2

57 Nippon Steel Corporation Yawata Works, Former Head Office & Repair Shop

新《しん》日《に》本《ほん》製《せい》鐵《てつ》株《かぶ》式《しき》會《がい》社《しゃ》
八《や》幡《わた》製《せい》鐵《てつ》所《じょ》施《し》設《せつ》群《ぐん》

■所在地―福岡県北九州市八幡東区大字尾倉、他

■竣　工―旧本事務所／1898年（明治31年）
修繕工場／1901年（明治34年）

■設計者―旧本事務所／不詳
修繕工場／独グーテホッフヌンク・ヒュッテ（GHH）社

■世界遺産「明治日本の産業革命遺産」

日本の近代製鉄を見つめてきた八幡の長老が今に生きる

洞海湾に向かう製鉄所の一角に毅然として建つ煉瓦の建物。素朴でかくしゃくとした表情に明治の頑固さを感じる。修繕工場に案内された。創業当時と同じように今も人びとがうごめいている。東洋初の近代高炉が稼働を始めた時の工場が平然と動いている不思議。槌音やモーター音に包まれながら近代化の足跡に思いを馳せる。

東田第1高炉に火を入れるためには付帯施設が必要である。国家の威信をかけた大事業にふさわしく、小さいながらも丁寧なつくりの本事務所。そして今なお利用されている修繕工場。いずれも製鉄所創業時の建物である。特に修繕工場に関しては第二次大戦の戦火にも耐え、今も修繕工場として稼働中。どちらも日本の近代化が光を得て、国産化という新しいステージへと躍進の助走を始めた時代の遺産である。本事

務所の設計者は不明だが、屋根の和風な作りなどから日本人によると考えられている。対して修繕工場は製鉄施設や高炉と同じようにドイツのグーテホッフヌンク・ヒュッテ社に設計を委託したもの。近代工場に対してまだまだ自信が得られていない状況で、輸入する機械に合わせて工場まで舶来にしてしまう時代性が表れて好対照である。

POINT

旧本事務所

● 赤煉瓦の組積みが今なお美しく、寂然とした工場内でひときわ目立つ。

● 玄関ポーチ付近には控えめながらも装飾が施される。

修繕工場

● 独特な丸屋根と下屋で構成。ドイツらしいトラス組みが美しい。

16425467

■アクセス
※工場は基本的に立入禁止。
・一帯からは施設群が垣間見える。
■問い合わせ 工場見学依頼について（小学5年生以上、50〜200名の団体のみ）
北九州市経済文化局観光課
093-582-2054
または新日本製鐵株式會社八幡製鐵所広報グループ　093-872-6105まで

旧本事務所
1 赤煉瓦の外観／装飾の少ない煉瓦壁を白いボーダーが引き締めている。

修繕工場
2 外観／下屋の壁面には鉱滓煉瓦を使い、目地の多い窓が連続する。
3 トラス小屋組み／曲面を描く屋根をリズミカルで剛性の高いトラスが支える。増築時には自社製の鋼材が使われた。

58 Sasebo Heavy Industries Co.,Ltd. Docks & Workshops

佐世保重工業株式会社《させぼじゅうこうぎょうかぶしきがいしゃ》 ドック・建物群《たてものぐん》

■所在地—長崎県佐世保市立神町、他
■竣　工—1889年（明治22年）
■旧第一船渠／全長141・4m　全幅30・35m　深さ11・8m
■旧第三船渠／全長180・1m　全幅28・3m　深さ12・9m
■旧第七船渠／全長343・8m　全幅51・3m　深さ16・5m
■旧第一、三、五、七船渠／Bランク近代土木遺産

西の拠点に築かれた艦船建造のための石造ドック

巨大な石の階段が地中深くに延びている。表面ににじむ無数の色彩。現代アートのような風情である。明治のドックには幾多の艦船を彩ったペンキが染み込んでいるのだ。佐世保重工業の前身は佐世保海軍工廠。さらに遡ると佐世保鎮守府造船部になる。明治の中頃に海軍の西の要として作られたドックで今日も船が作られている。

明治時代、近代化が進む中で国益を守るための軍事施設増強が叫ばれはじめた。艦船による戦闘が主流だった時代。当然ながら造船やメンテナンスのためのドック施設が求められる。佐世保には横須賀や呉に次ぐ第三海軍区鎮守の設置が決まり明治20年に着工。同22年には鎮守府が開庁している。明治27年、第一船渠（現第5ドック）の工事がはじまり、同34年に竣工。以降、明治35年第二船渠（すでに無い）、明治38年第三船渠（現第6ドック）、大正2年に第四、五、六船渠（現第3、2、1ドック）が竣工した。さらに昭和16年には最大の第七船渠（現第4ドック）が完成し、ここでは戦艦武蔵の艤装も行われた。すなわち、明治から昭和、太平洋戦争前夜までの期間に大造船拠点が形成されたことになる。戦後民営になっても当時の施設を使って造船は続けられている。

POINT

● 明治中期の石造りドックがそのまま使用されている。
● 構内には煉瓦建物も数多く残り海軍工廠時代の様子を今に伝える。
● 大正2年完成の250tクレーンが現役。市内のいたるところから見える。

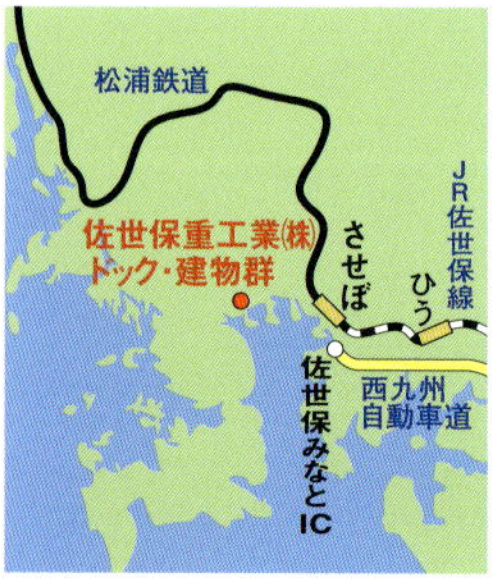

307579288

■アクセス
※基本的に工場内は立入禁止。
・市内高台各所より見おろすことができる。また、250tクレーンの稼働も周辺から見える。
・工場周辺へは西九州道佐世保みなとI.C.より佐世保駅経由、SSバイパスにて約10分。海側に米海軍施設と佐世保重工業ドック群が望める。
■現在、自衛艦の建造や修理を受注し、テロ対策もあって造船所内へは立ち入れない。高台などから造船風景が見える。
■問い合わせ
佐世保市観光課　0956-24-1111
佐世保市観光情報センター　0956-22-6630

1 第一船渠（現第5ドック）
歴代の艦船に塗られた塗料が染み込んでいる。船渠名が刻まれた石額が壁面に埋められている。

2 3 250tクレーンとその操作室
佐世保重工業の象徴でもある。大正2年より稼働。英国製である。

4 中央配電所建物
このような煉瓦造りの建物がいくつか残っている。

NO5 DOCK A

1

2

59 Mitsubishi Heavy Industries Ltd. Nagasaki Shipyard & Machinery Works

三菱《みつびし》重工業《じゅうこうぎょう》株式會社《かぶしきがいしゃ》 長崎《ながさき》造船所《ぞうせんじょ》

■所在地―長崎県長崎市飽の浦町1・1
■竣　工―1861年（文久1年）
■一部が世界遺産「明治日本の産業革命遺産」
■竪削盤／国指定重要文化財
■150t固定式電動扛重機／登録有形文化財
■旧第三船渠／Cランク近代土木遺産

幕末から続く 船造りの歴史を物語る大造船所

港町長崎を歩くと必ず目にはいるのが造船所である。港めぐりの観光船も巨大なドックを目玉に就航する。鎖国期も含めてここは海外への窓であり、日本を代表する貿易港であった。船を手入れする施設が欠かせない場所なのだ。幕末、オランダの技術指導による近代製鉄所が竣工。のちに造船所と呼ばれることとなる。

POINT

- 幕末、開国の頃から整備が進められた歴史を担う造船所。
- 旧鋳物工場併設木型場の建物が明治の工場の姿をとどめる。
- 明治42年英国から輸入した150tクレーンが今なお現役。造船所の顔である。

開国を迎えた日本には強力な海軍が必要となった。安政2年（1855）に海軍伝習所を設置。近代的な艦船修理や将来の造船を目的に長崎鎔鉄所を計画。伝習所のオランダ人将校ハルデスの指導により鍛冶場、工作場、鎔鉄場の建設が始まる。文久元年（1861）、完成した施設群は長崎製鉄所と呼ばれ、NSBM（Nader-landse Stoomboot Maatschappij）で製作された17台の工作機械が並んでいた。すべて蒸気機関で駆動する近代設備である。建物には日本初と伝える煉瓦が使用され、同じ焼成窯の煉瓦を小菅修船場にも使用。長崎製鉄所は維新によって官営となり明治12年に大船渠が完成。大型艦船の建造も可能となった後に民営三菱造船所に身を転じることとなった。

443852713

■**アクセス** JR長崎駅より国道202号旭大橋を渡り、南へ。長崎造船所病院側入口付近に史料館がある。
■史料館すなわち旧鋳物工場併設木型場のみ見学可能（要事前連絡）。館内に竪削盤も展示。平日の午前9時〜午後4時半　入場無料。
■工場内は立入禁止。しかし対岸から遠望の他、各種湾内クルーズで十分楽しめる。
■**問い合わせ** 三菱重工業株式會社 長崎造船所史料館（見学申し込み） 095-828-4134

1 旧鋳物工場併設木型場（現史料館）／明治31年の建物である。大きな舶用部品を鋳ぬくための木型を製作した。出来上がった鋳型を鋳物場に持ち出すため側壁にも大きなアーチ型の開口がある。
2 日本最古の動力工作機械／製鉄所創業の際にオランダから輸入された竪削盤である。この機械から日本の近代造船があゆみ始めた。
3 150tクレーン（固定式電動扛重機）／高さ61m、ジブ全長73mを計る英国製。船舶に機関やボイラー、大型部品を据え付けたり取り出したりする目的で現在も稼働する長崎造船所の象徴的存在。

1

2

産業｜造船施設

60 Kosuge Ship Repair Dock

小《こ》菅《すげ》修《しゅう》船《せん》場《じょう》

■所在地―長崎県長崎市小菅町
■竣　工―1868年（明治元年）
■世界遺産「明治日本の産業革命遺産」
■国指定史跡、Aランク近代土木遺産

小さなソロバンドックに秘められた近代化のエッセンス

小さな谷を利用した石の斜路と簡素で美しい煉瓦建物。ここは明治元年に薩摩藩が造営した日本で最初の洋式スリップ・ドック。トーマス・B・グラバーの協力で完成した船渠は良く保存され、天草石の岸壁や捲揚げ用レール、巻揚機械も現存。近代化がもたらした変化を今に伝える、歴史的価値の極めて高い美しきドックである。

POINT

- 船を船台ごと引き揚げるスリップ・ドックとしては日本初。
- 現存する最古の煉瓦建物。こんにゃく煉瓦を採用した貴重な例。
- 建物の小屋組みに先鋭的な鋳鉄材が使用されていた点も見逃せない。

3

薩英戦争で西洋の圧倒的軍事力を目の当たりにした薩摩藩は近代化を急速に進めた。所有する船舶も大型化し、軍艦をはじめ汽船、帆船の点検・補修は課題となった。そこで家老小松帯刀《たてわき》が準備を進め、欧州視察から帰った藩士五代才助（友厚）を責任者として長崎に修船場の建設を開始したのである。事業にはグラバーが協力し、一部出資と機材の調達、完成後の管理を請け負った。ドックはその後官営となり、三菱に払い下げられた。ソロバンドックの名はその形状による。斜路中央に残る歯形の付いたレールにソロバンのように船台を転がし、満潮時に船をのせて蒸気機関で引き揚げた。捲揚機械　式はイギリスから輸入した当時のもの。ボイラーは明治34年に交換されている。日本初のスリップ・ドックと蒸気機関による捲揚機、現存する最古のこんにゃく煉瓦建物。明治天皇が巡幸したエピソードも華を添える。

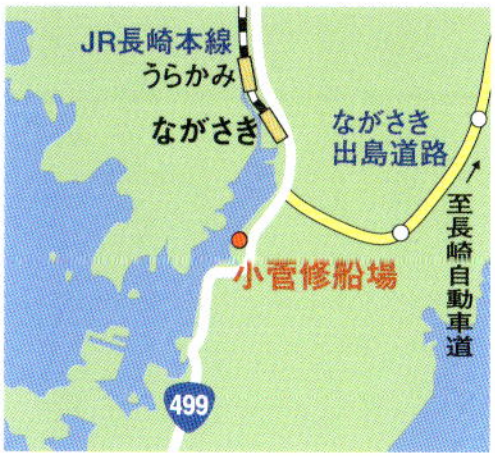

443793742

■**アクセス**　JR長崎駅より30番系統のバスで約15分小菅町下車徒歩3分。
■敷地内は見学自由。ただし捲揚機小屋の内部には入れない。
■**問い合わせ**
三菱重工業株式會社長崎造船所
095-828-4121

1 こんにゃく煉瓦／フランス積みの煉瓦は通常よりも薄手。長崎製鉄所建造の際に作られた煉瓦焼成炉で焼かれた。
2 捲揚機械／グラバーがイギリスから輸入した。
3 石積みの船渠／ここに千隻を越える船が引き揚げられ、大型船の建造も行われた。

61 Ammonia Production Unit by Casale Process

カザレー式《しき》アンモニア製《せい》造《ぞう》装《そう》置《ち》

■所在地―宮崎県延岡市（旭化成工業薬品工場内カザレー記念広場）
■竣　工―1921年（大正10年）
■製法特許／伊 カザレーアンモニア会社
■合成塔、清浄塔製造／英 アームストロング社 Sir William George Armstrong & Co.,
■高圧圧縮機製造／伊 Pignone
■市指定文化財

電気化学工業の父がイタリアから持ち帰った魔法のタワー

銀色の筒は拍子抜けするほどに小型である。だがこのタワーが日本の化学産業史に残した足跡はとてつもなく大きい。曾木発電所の電力で日本カーバイトを興した野口遵《したがう》はその後も日本に近代化をもたらすべく海外を視察する。イタリアで出会った運命の技術がカザレー式のアンモニア合成法。しかしそれはまだ実験段階だった。

POINT

● あのアームストロング砲を生産した英国のアームストロング社がタワーを製作した。
● カザレー博士の指導のもと、野口、谷口工場長らが苦心してプラントを作り上げた。
● 750気圧という危険な高圧条件をものともせず、スタッフは新技術に挑戦し成功した。

人工肥料を合成する際に欠かせないのがアンモニアである。明治41年、日本カーバイトの成功から日本窒素肥料株式会社を興した野口遵はイタリアでカザレー博士によるアンモニア合成法に出会い、その場で特許購入を決意。当初は水俣に工場建設を企てるが地元の理解が得られず宮崎県延岡で開業する。豊富な水力で発電し、原料の水素と窒素を生成することができた。こうしてあらゆる化学産業に不可欠なアンモニアの安定供給が可能になり、肥料となる硫安の国産化も果たせたのである。日本窒素肥料延岡工場は旭化成工業の基礎となり、延岡の地でさまざまな薬品、火薬、レーヨン糸、ナイロン、人工皮革など化成品を生産。現在に至っている。日本における化学工業の開拓的役割を果たした野口の試みであるが、その発端はこの銀色のタワーにある。

1 合成塔と清浄塔／高さは6.5m。直径に至っては0.64mしかないこれで一日に8tのアンモニアを合成した。
2 圧縮機／イタリア・フィレンツェ製の圧縮機やインジェクターなど製造装置一式が残る。

136830597

■**アクセス**
・JR延岡駅より国道10号へ出て南へ。雷管通交差点より右折、約1kmで薬品工場前。
・JR延岡駅より宮交バス南延岡、雷管、南一ヶ丘、片田団地行きにて12分。愛宕三丁目バス停下車すぐ。
■工場内は立入禁止。見学希望の場合は事前に連絡が必要。
■**問い合わせ**　旭化成工業株式会社薬品工場　0982-22-5100

1

2

62 Chieji Multi-chamber Climbing Kiln

智《ち》恵《え》治《じ》登《のぼり》窯《がま》

■所在地―長崎県波佐見町永尾郷字八人塚350・2
■竣　工―明治末期（昭和27年 廃窯）
■県指定史跡

1

庶民の器を量産した登窯の集大成

穏やかな田園風景に鈍く輝く褐色の窯。緩斜面に階段のように作られた大きな窯からどれだけ多くの焼き物たちが旅立っていったことだろう。伝統的な登窯も時代とともに姿を消したが、戦後まで火を絶やさなかった智恵治窯は良く焼ける窯だったという。静かに横たわる窯跡を眺めていると往時の炎が見えるようだ。

POINT

● 近づいてみるとその大きさに驚かされる。使用時はさらに下に2連の窯があった。
● 最上部の窯には祠なども付設され、内部も良く保存されている。
● 周囲には多くの陶磁器片や素焼き片、窯道具が散乱していて観察できる。

肥前にもたらされた窯業は連房式登窯の発達とともに成長を遂げた。大正期に入って石炭窯の時代を迎えるまで、登窯の効率化は進んだのである。明治末期に作られたこの窯は当初、永尾郷の富永六治と山崎半三郎によって使用され、富永窯、六治窯などと呼ばれていたようである。その後小柳智恵治が昭和10年に土地を購入し、窯を今の形に築き直して再び火を入れることとなった。ヨーロッパ式の石炭窯が台頭する中で智恵治窯は多くの陶磁器を産み、製品は日常雑器から大型の花瓶にまで及んだ。昭和17年に智恵治は窯の使用をやめるが27年までは他の人が借りて使用。その後廃窯となり、昭和30年には5室あった連房のうち下の2連を取り壊して現在に至っている。波佐見の窯業を支えた登窯はほとんど残っていないため智恵治登窯の歴史的価値は高い。

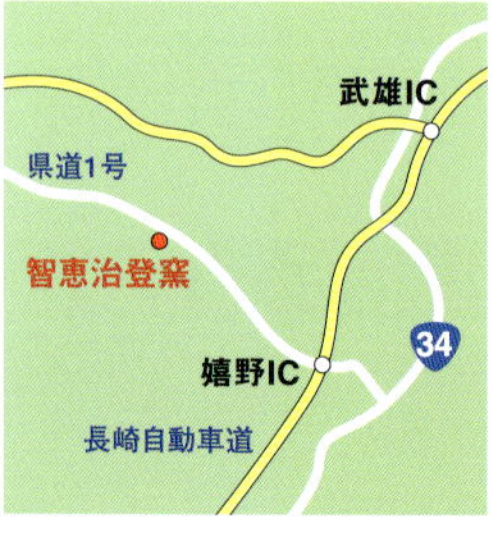

104158219

■**アクセス**
・嬉野バスセンターより西肥バス佐世保、大野方面行きにて約10分。永尾山バス停下車徒歩1分。
・長崎道嬉野I.C.より県道1号を波佐見・佐世保方面へ約10分。永尾山バス停付近で左折すぐ。
■フェンス越しに眺めることができるが中には入れない。
■**問い合わせ**
波佐見町観光協会　0956-85-2290

1 窯の表面／熱変したレンガの列が美しく輝く。
2 3 連房式登窯の形態／江戸期以来、発達を遂げた伝統的な登窯のスタイルを良く残している。
4 窯の内部／内部も良く残っている。

トラス橋

プラットトラス橋
Pratt truss bridge

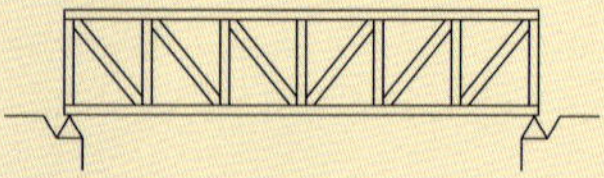

16 出島橋（プラットトラス）

ハウトラス橋
Howe truss bridge

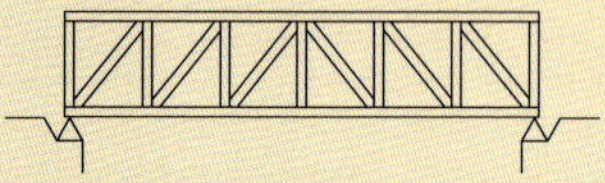

25 鹿本鉄道菊池川橋梁
（プラットトラス）

参考／日本建築学会 構造用教材

近現代遺産を歩く

1

Column 1
Structures of Iron Bridges

誰にでもわかる橋の楽しみ方

九州の橋

九州を歩くと多くの個性的で美しい橋に出会う。江戸時代までは木製の橋が普通で、丈夫で長持ちする橋として一部に手間と費用のかかる石橋が架けられた。火山が多く材料に最適な凝灰岩が手に入りやすいこともあって九州にはおびただしい数の石橋が残されている。幕末には肥後の種山（たねやま）石工に代表される石工集団が活躍し、多くの名橋が架けられた。大分では大正、昭和期になっても鉄橋やコンクリート橋に混じってアーチ石橋が多く建造された。特に院内周辺や緒方、清川、耶馬渓あたりを歩くと、比較的新しい時代の石橋が活躍している姿に出会う。これは材料の入手が容易で費用も安かったことによると考えられる。他にも鹿児島や長崎で古くからアーチ石橋が導入された歴史を見ることができる。同じアーチ石橋でも地域や時代によって形態、工法に差がある。熊本、大分、鹿児島、長崎など、石橋を比較しながら見てまわる旅もまた楽しい。

15 耶馬渓橋

桁橋

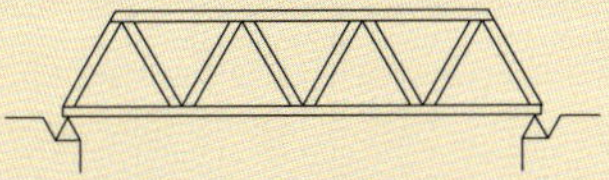

ワーレントラス橋
Warren truss bridge

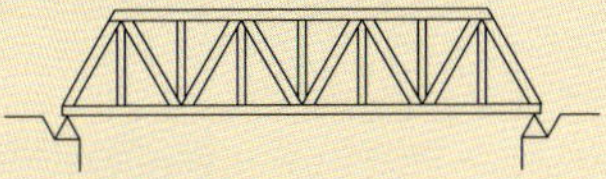

副柱材のある
ワーレントラス橋

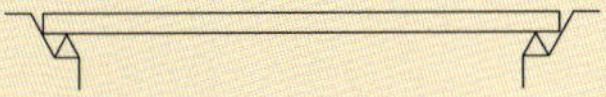

桁橋
Girder bridge または
Beam bridge

13 筑後川昇開橋
（ワーレントラス＋桁橋）

船で設置位置まで運ばれる筑後川昇開橋の「ワーレントラス（副柱材付き）」部分。

参考／日本建築学会 構造用教材

橋のいろいろ

本書ではさまざまな形の鉄橋を紹介した。近代化の過程では海外から輸入した橋をそのまま設置することが多かったが、次第にその構造や設置技術を習得し、国産の材料を確保できるようになると自力で架橋に挑戦する。そして第二次大戦終結後にはすでに世界トップレベルの橋を建造できる実力を身につけていたのである。橋の魅力をさらに楽しむために、ここでは基本的な構造をご紹介しよう。

トラス橋

細長い部材をつなぎ合わせ、いくつもの3角形を組み合わせたような構造をトラスと呼ぶ。トラスは建物や橋の構造体として利用されてきた。トラスの組み方によって「プラットトラス」「ハウトラス」「ワーレントラス」などが知られる。本書で扱った16番の出島橋や25番の鹿本鉄道菊池川橋梁はプラットトラスの代表的な例である。

桁橋

水平に架けた板状の桁（けた）を渡る最も単純で基本的な橋の形態。構造も簡単でコストを抑えることができる。本書で紹介した13番の筑後川昇開橋では「ワーレントラス」を挟む形で「桁橋」が採用されている。

美しいアーチ橋

優美な曲線と繊細な構造で我々を魅了するアーチ橋。交通のための建造物でありながら見る者の心をなごませてくれる美しさに感動を覚える。本書中20番の西海橋は「ブレーストリブアーチ橋」の代表格である。海峡を跨ぐように渡された2重の円弧が斜めの支持材でしっかりと補強されているのが特徴だが、西海橋の場合は円弧の間隔が平行でなく、岸に近づくほどに広がっているために特に美しく安定感

アーチ橋

2ヒンジ・ブレーストリブアーチ橋
2 hinges braced-rib arch bridge

スパンドレル・ブレーストアーチ橋
Spandrel-braced arch bridge

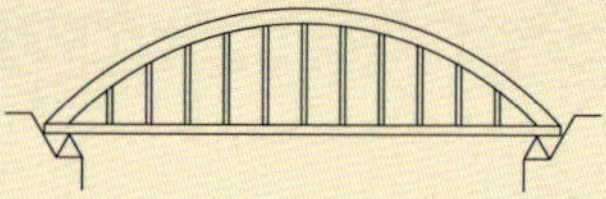

タイドアーチ橋
Tied arch bridge

20 西海橋（ブレーストリブアーチ）

27 南阿蘇鉄道第一白川橋梁
（スパンドレル・ブレーストアーチ）

参考／日本建築学会 構造用教材

のある姿を見せてくれる。本書で紹介した27番、南阿蘇鉄道第一白川橋梁は旧国鉄最初の鋼製アーチ橋で、「スパンドレル・ブレーストアーチ」を採用している。高さ60mを越える大渓谷を一跨ぎにする美しい円弧。アーチから上の橋桁までの間をしっかりと結ぶ無数のトラスが見どころである。

珍しい形の橋

本書では02番で南河内橋に触れている。この橋は「レンティキュラー・トラス」というたいへん珍しい構造で、現在国内には他に例がない。レンズ橋、魚橋などと呼ばれるのはトラスの独特な形状から。特に南河内橋は真っ赤なペイントが映え、見る者を圧倒する。26番の南阿蘇鉄道立野橋梁の場合は桁橋であるが、橋脚部に「鋼製トレッスル脚」という珍しい橋脚を使っている。これはアメリカに起源を求めることのできる深い谷に適した構造で、その姿はアメリカ西部の大渓谷を跨ぐ鉄道橋を彷彿とさせる。我が国では有名な山陰本線の餘部鉄橋などにアメリカから輸入して採用されているが、国産・現役のものは極めて少ない。阿蘇の大自然とともに楽しみたい景観である。

02 南河内橋（レンティキュラー・トラス）

26 南阿蘇鉄道立野橋梁（トレッスル脚）

軍事遺産

通信施設

基地施設

要塞・砲台・運河

記念碑・遺跡・遺物

軍事｜通信施設

63 Hario Transmitting Station Wireless Towers

針《はり》尾《お》送《そう》信《しん》所《じょ》無《む》線《せん》塔《とう》

■所在地―長崎県佐世保市針尾中町

■竣　工―1922年（大正11年）

1

洋上の矢、天を貫く3本のコンクリート・タワー

西海橋で有名な針尾の瀬戸を訪れるといやおうなしに目に入る3本の尖塔。あまりの巨大さと軍事施設らしい風貌が異様な雰囲気を漂わせる。海軍は4年の歳月をかけ、高さ135～137mの無線塔を正3角形に配置した。中央には送信所局舎も残る。太平洋戦争開戦時の出撃命令「ニイタカヤマノボレ一二〇八」の電信を発信したとも伝える。

POINT

- 遠くから見ても近づいても大迫力の巨大なコンクリート塔。
- 根元まで近づける塔もある。見上げると圧倒される。
- 大正期の建造物とは思えない頑強さ。表面の仕上げも美しい。

1 根元から見上げる無線塔
根元まわりは33mに達する。これは鹿児島県蒲生町にある日本一のクスノキの根回りと同じ。

2 送信塔遠望
周辺は西海国立公園のエリア内で風光明媚な瀬戸の風景に無線塔が浮かび上がる。

鉄筋コンクリートで構築された3本のタワーはその堅牢さを示すように亀裂も見えず、実に堂々と立っている。1、2号塔は高さ135m、3号塔は137mである。根元部の直径は12mを越え、基礎は地下15～30mに達するという。塔身のコンクリートは厚さ76㎝。一辺が300mの正三角形の頂点にそれぞれの塔が立つ。太平洋戦争中、遠く離れた南洋や大陸に電文が発信された。「ニイタカヤマノボレ」がここから発されたと言われるが、複数の送信所から同報された可能性もあるという。内部は空洞で、通信用ケーブルの緩衝装置が備えられていた。長いケーブルが風で動揺した際に力を分散するためである。戦後、海上保安部に利用されていたが現在は廃止。取り壊しの議論もあるが、戦争の史実を黙して語らない尖塔そのものが、未来へのメッセージを秘めている。

307225555

■アクセス
・JR佐世保駅より西肥バス西海橋西口行きにて約40分。高畑下車、徒歩15分。
・長崎駅より長崎県営バスまたは長崎バス佐世保方面行きにて約1時間10分、高畑下車。徒歩15分。
・JRハウステンボス駅下車。タクシーにて約20分。
・西九州自動車道大塔I.C.より国道205号へ。江上交差点を右折、国道202号を直進。高畑バス停付近から右折。無線塔を目印に。

■塔によっては立入禁止で、根元まで近づけないものもある。また、すべての塔で内部には入れない。

■問い合わせ 佐世保海上保安部　0956-31-4842

軍事｜基地施設

64 Chiran Army Airbase (Water Tower, Powder Magazine, Fire Cistern)

知《ち》覧《らん》飛《ひ》行《こう》場《じょう》給《きゅう》水《すい》塔《とう》・弾《だん》薬《やく》庫《こ》・防《ぼう》火《か》用《よう》水《すい》槽《そう》

■所在地―鹿児島県南九州市知覧町郡打出口
■竣　工―1942年（昭和17年）
■給水塔／町指定史跡
■知覧飛行場／Bランク近代土木遺産

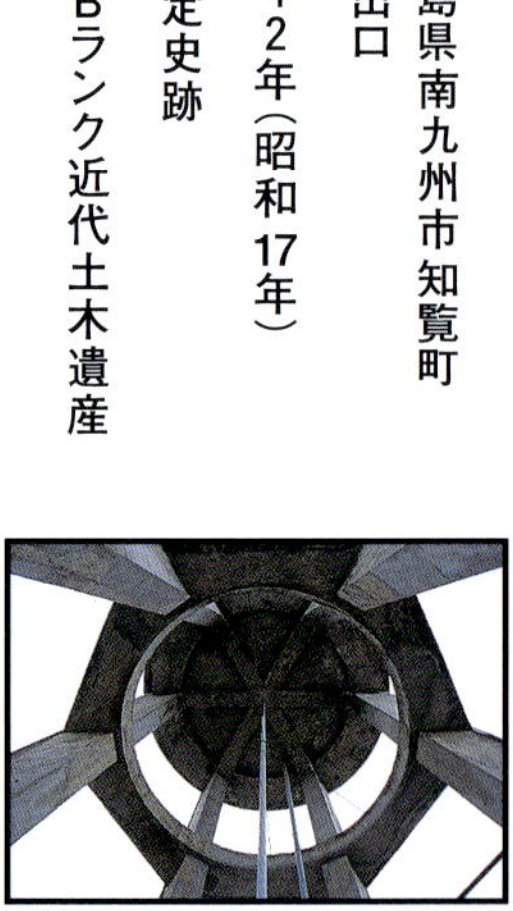

1

特攻の悲しい歴史を語る野中のメモリアル

肉弾などという言葉が現実のものとなった忌まわしい歴史を九州も負っている。太平洋戦争末期、日増しに悪化する戦況に直面し、軍部がとった作戦は爆弾を抱えた戦闘機で乗員もろとも敵艦に突入するという前代未聞の特攻作戦であった。1036名を数える犠牲者のうち、ここ知覧飛行場を離陸して帰らぬ人となったのは452名である。

POINT

● 給水塔や弾薬庫の残る高台は飛行場跡の北東端になる。
● 町全体が特攻隊と共有した歴史を持っている。
● 戦争を予感した軍部が整備した施設群としてその技術にも注目したい。

畑や住宅が点在する台地の片隅に給水塔が傾いている。町指定史跡になって風化を防ぐために補修が施され、白いコンクリートに包まれているが、以前はもっと重苦しい陰のある様相で立っていた。奇しくも太平洋戦争が勃発する昭和16年12月、滑走路や鉄骨の格納庫、給水塔などの整備が完了。翌17年の3月には大刀洗陸軍飛行学校知覧分教所が開校している。飛行場跡には給水塔のほか、弾薬庫、防火水槽、離着陸訓練施設が残されている。また、ほとんど知られていないが同町の国指定史跡知覧城の本丸等地下には横穴式の壕が掘られ、陸軍大刀洗航空廠知覧分廠という立派な称号を得た整備掩体壕が残存している。壕の規模などから考えると機関等の整備に従事していたものか。人類の愚かしさ、戦争のむなしさを未来にメッセージするための悲しい遺産である。

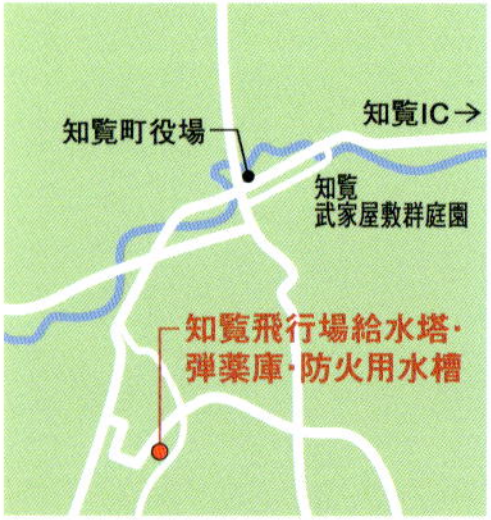

198382824

■アクセス
・九州道鹿児島I.C.より指宿スカイラインにて知覧I.C.へ。知覧市街地より特攻平和会館に至り、付近で情報を得る。
・JR鹿児島中央駅より鹿児島交通バス特攻観音入口行きにて約1時間20分。終点下車、徒歩8分。
■給水塔前に駐車場有り。同じ敷地に防火用水槽。歩いてすぐの道路際に弾薬庫がある。
■特攻隊に関しては隣接する知覧特攻平和会館と加世田市の万世平和祈念館に詳しい展示がある。
■問い合わせ　知覧町役場　0993-83-2511

3

2

4

5

1 2 給水塔／高さ14.3m、直径6.3mを計る。近くの川から得た水を貯水し、飛行場と学校に供給した。
3 4 弾薬庫／鉄筋コンクリートの外壁に機銃掃射の痕跡が残る。訓練用の実弾を保管した。
5 防火用水槽／直径9.8m、深さ2.3mである。外周3方向から中央に向かう階段は、用水くみ出しを想定したものと思われる。

65 Former Army 64th Regiment Headquarters & Officer's Meeting House

旧《きゅう》陸《りく》軍《ぐん》第《だい》64連《れん》隊《たい》本《ほん》部《ぶ》・将《しょう》校《こう》集《しゅう》会《かい》所《じょ》

■所在地―宮崎県都城市久保原町1・12
■竣　工―連隊本部／1901年(明治43年)
将校集会所／1908年(明治41年)

1

2

3

明治から連綿と続く規律の館に木造の美を見る

幕末に欧米の近代化をまのあたりにした日本。圧倒的な差を見せつけられたのは軍事力である。規律に満ちた近代兵法の導入はその後明治政府の方針となり、艦船の建造や要塞・砲台の設置にも力を注ぐ。自衛隊の駐屯地内に残る旧陸軍の施設。洋式の端正な建物が明治末期の軍隊の成り立ちを誇らしげにメッセージしている。

POINT

- 明治期の軍施設として非常に貴重。他に被服倉庫も残る。
- 将校集会所には昭和天皇が観閲の際にご休息された部屋が残る。
- 将校集会所の建物はベランダ付きで優雅さが漂う。

1 2 連隊本部
寄棟、板張りの建物に整然と並ぶ上下引き違いの窓。連隊本部の威厳を感じさせる。

3 4 5 将校集会所
ベランダに並ぶ木柱列が独特な美しさを醸す。

117484328

■アクセス
・JR西都城駅より県道31号を霧島方面へ。自衛隊前バス停すぐ。東側道路より垣間見える。
・JR五十市駅より徒歩5分。
■自衛隊駐屯地のため立入厳禁。記念行事などの際に特別に構内に入れる場合がある。

自衛隊駐屯地の敷地に旧陸軍の由緒ある建物が残る。第64連隊将校集会所は明治41年竣工。都城市内の洋館としては最古のもので外来宿泊所として現役である。第64連隊は大正14年に廃止となり、熊本から移駐した第23連隊が昭和20年まで使用。この間、昭和10年の陸軍特別大演習の際に当時の大元帥昭和天皇が行幸。これに備えて集会所の増築を行ったためにその部屋だけは仕様が賓客向けである。本部も明治期の建築で創建当初の姿を良くとどめる。敗戦によって荒れていた両建物だが、市民や陸軍OBらの希望により保存策が講じられた。本部は寄棟平屋でシンプルな建物。蛇腹付きの木製サッシュの窓が規則的に並び、軍施設らしい表情を醸し出している。将校集会所建物はベランダ付きの寄棟木造建物で、列柱の装飾が清楚な美しさを見せてくれる。

66 Usa Navy Airbase Joui Hangars & Runway

宇《う》佐《さ》海《かい》軍《ぐん》航《こう》空《くう》隊《たい》掩《えん》体《たい》壕《ごう》群《ぐん》・滑《かつ》走《そう》路《ろ》跡《あと》

■所在地―城井1号掩体壕／大分県宇佐市大字城井159・3
■竣　工―1943年（昭和18年）
■城井1号掩体壕／市指定史跡
■掩体壕群／Aランク近代土木遺産

航空隊基地の実像を今に伝えるマウンド群

まるで古墳のようなマウンドが点在する。草の繁る土盛り状のもの、土がはげ落ちて蒲鉾型のコンクリートが露わになったものもある。正面には包丁で切ったような壁に幾何学的な穴がある。旧海軍はここを航空隊の基地とした。マウンドの正体は戦闘機を格納する掩体壕なのだ。特攻隊の出撃地となった悲しい歴史も秘められている。

POINT

- 広大な平野に点在する掩体壕を比較すると微妙に形が違う。
- 城井1号掩体壕では内部構造を見ることができる。
- 滑走路跡も道路として残り、掩体壕とともに貴重である。

この地に海軍航空隊の設置が決定したのは昭和12年のことである。昭和14年には練習航空隊が開隊し、訓練を開始。太平洋戦争が勃発すると戦闘機、爆撃機を守るために掩体壕が必要となり、昭和18年から築造が始まった。工法は張り子の面を作るのに似ている。最初に土盛りを作り、そこに鉄筋組みを行ってコンクリートを打設する。硬化したら中の土を除去すれば完成である。型枠無しで曲面の構造体を素早く作る苦肉の策であるが、思いのほか頑強で、現在も農機倉庫、車庫、上部には植木を生やして築山としても活用されている。戦時中に造営された掩体壕のうち10基と、道路となった滑走路跡が残る。終戦の年、ここは作戦部隊となり4月には神風特別攻撃隊が編成されて串良基地などを経て南の海へ散っていった。その数は154名に及んだという。

1 付近の掩体壕群／生々しい機銃掃射の痕跡も見える。
2 掩体壕の全容／飛行機の形に形成された入口。
3 滑走路跡／この道路がかつての滑走路。ここから多くの特攻機が南へと飛び立った。

145476330

■**アクセス**
・宇佐別府道路宇佐I.C.より車で約20分。国道10号線辛島交差点より北へ。約1キロで左折。
・JR日豊本線柳ヶ浦駅より車で約10分。
■城井1号掩体壕のみ史跡公園として整備されている。
■他の掩体壕は農機倉庫、車庫等に活用されているので無断立入は不可。
■**問い合わせ** 宇佐市教育委員会文化課　0978-32-1111

2

67 Tanga Turret Gun Battery & Tsurumizaki Fortress & Batteries

丹《たん》賀《が》砲《ほう》塔《とう》砲《ほう》台《だい》・鶴《つる》見《み》崎《ざき》要《よう》塞《さい》群《ぐん》

■所在地―大分県佐伯市鶴見

■竣　工―丹賀砲塔砲台／竣工時期に諸説あり
昭和6～8年に竣工、備砲
鶴見崎砲台、西部軍情報隊／昭和17～20年
海軍聴測隊／昭和10年頃

1

豊予海峡に睨みをきかせた巨大砲台と要塞群

膨大なエネルギーを投じた砲塔は敵艦に向かって発射されることなく16名の命もろとも吹き飛んだ。九州と四国を隔てる豊予海峡は太平洋から関門海峡や瀬戸内海に通じる重要な航路である。両岸にはいくつもの監視所や砲台が築かれていた。鶴御崎（鶴見崎）一帯には戦前に構築された巨大な砲台や要塞群が今も残されている。

1～4 丹賀砲塔砲台

POINT

- 巨大なコンクリートの筒。周囲には諸施設がウサギの巣のように配置されている。
- 表面の凹凸は暴発による破壊痕。

1～4 丹賀砲塔砲台
上部にドームをかけて保存されているが、以前はここに戦艦から取り外した45口径30cmの2門カノン砲が据えられていた。

丹賀砲台は豊予海峡守護のかなめとして大正末頃から計画された。コンクリート製の巨大な砲塔には明治40年進水の巡洋艦「伊吹」の艦載砲が据えられ、第一次大戦を受けた昭和17年1月に実射訓練を実施。しかしこの日最後の砲弾が暴発し16名が死亡。多数の負傷者を出して大砲は破壊された。今は頑強な砲塔だけが保存されている。鶴御崎には西部軍情報隊の観測所が残る。コンクリート製のトーチカは天井に穴こそ空いているが、豊予海峡を見下ろす様は当時と変わらない。近くには兵舎の跡も残る。また、鶴御崎灯台の基礎部には海軍聴測隊の望楼がある。転用されてはいるが岬の先端に築かれた要塞の風情は戦時中を彷彿とさせる迫力を持っている。付近には丹賀砲台破壊後に築造した砲台跡も残されている。

丹賀砲塔砲台 607711523
鶴見崎要塞群 607655455

■アクセス
・JR佐伯駅より国道388号にて蒲江方向へ。鶴見半島を目指し県道604号で丹賀浦、鶴御崎へ。約1時間。
・丹賀砲台へはJR佐伯駅より大分バス下梶寄行きにて丹賀下車。
■丹賀砲塔砲台は地中のリフトで登る。これも竣工時からの斜坑施設。見学有料。駐車場有り。
■鶴見崎方面へは自家用車で入る際に施設維持協力費200円を払う。各ポイントに駐車場有り。
■問い合わせ 佐伯市鶴見振興局商工労働観光室 0972-33-1111

3～5 望楼の実像／岬の雄大な眺めとは裏腹に軍事的な要衝であったことを痛感する戦略的な施設。青空を背景に立つ擬装を施した建物に戦争と平和を考えさせられる。

1 2 西部軍情報隊観測所

POINT

● 緊張感ある第二次大戦開戦頃の軍事施設に実際に入って眺めることができる。

● 風光明媚な展望台にあり景観とともに観覧できる。

3〜5 海軍聴測隊望楼

POINT

● 鶴見崎灯台の足元に残る戦前の要塞。

● カモフラージュを施された複雑な形状をいろいろな角度から観察できる。

6 鶴見崎第一砲台

POINT

● 昭和20年、戦局が悪化したためか粗い作りが目立つ。

● 四五式15cmカノン砲4門が据えられていた。

1 2 海峡に向かう観測所／鉄筋コンクリート製のトーチカが海峡を見つめる。天井の穴を見る限り、豊富に鉄筋を使った頑強な構造であるとわかる。

6 岬の砲台跡／丹賀砲台破壊後に西部軍情報隊の観測所前に設けられていた砲台を岬の突端に移築。戦時下に入り、臨戦態勢となった緊張感が伝わってくる。

68 Tsushima Fortress (Batteries & Kusubo Canal)

対《つ》馬《しま》要《よう》塞《さい》

（豊《とよ》砲《ほう》台《だい》・砲《ほう》台《だい》群《ぐん》、久《く》須《す》保《ぼ》水《すい》道《どう》）

■所在地─長崎県対馬市
■竣　工─1887年（明治10年）～第二次大戦期
■竹敷海軍港／Aランク近代土木遺産
■久須保水道、豊砲台／Bランク近代土木遺産
■大平、上見坂、郷山、棹崎砲台／Cランク近代土木遺産

久須保水道（万関運河）／浅茅湾と久須保湾を結ぶ水路で、明治33年に開通。幅22m、延長300m、水深3m。現在は拡幅がなされ、深さも増している。

■現在も漁船などが通過する。対馬の東西の海を結ぶ水路。

大陸と向き合う最前線の島々に明治以来の軍事拠点を見る

鎖国という長い眠りから覚めた日本。そこには圧倒的な先進科学と軍事力を持つ欧米の姿があり、その影響を受けるアジアの国々があった。諸外国と対等に渡り合うためにも近代的な軍備が必要と考えた明治政府は各地に要塞や砲台を築く。大陸に向かう最前線、対馬には軍港や砲台、運河などが築かれていった。

POINT

- 明治期に整備された砲台等の施設が良く残る。
- 運河、砲台、堡塁、軍港などさまざまな軍事施設が散在する。
- 日露戦争の舞台となった場所で、深い歴史的意義をもつ。

最も早く砲台が築かれたのは浅茅湾周辺である。対馬を二分するこの湾は大陸に向けて口を広げる戦略拠点でもあり、明治10年には竹敷海軍港を整備。出入りする船や要港部の施設を防護するために湾口周辺に明治20年頃から砲台を設置しはじめる。また、対馬の東岸と西岸を結ぶ久須保水道（万関運河）を開削し、明治33年には水雷艇の航行が可能になった。この頃から周辺の砲台はますます整備される。大正～昭和期（戦前）には対馬全土の要衝に砲台や監視所の設置がすすみ、さながら要塞の島のように堅い警護が完成していったのである。

■アクセス　ここには簡単かつ安全にアクセスできる場所のみを表記。他の物件は地図上に位置を示すが、アクセス困難なものが多い。見学は自己責任のもとで安全に。
豊砲台／厳原より国道382号を北上。最北部の大浦で県道182号に左折。サインに従い豊砲台に到る。約1時間半。

棹崎砲台／厳原より国道382号で上対馬へ。恵古より左折、棹崎公園を目指す。車で約1時間半。

久須保水道／厳原より国道382号を北上し、約25分。対馬空港から5分。万関橋より見おろせる。

上見坂堡塁／厳原より国道382号を北上。厳原中前交差点で左折し、県道44号で上見坂公園へ。車で約10分。
■アクセスに表記したもの以外で見学が容易なのは大平砲台。道路脇にある。
■アクセス未表記のものは現場へのアプローチが難しい。地元で情報を得て自己責任のもと、注意して訪ねていただきたい。
■問い合わせ　対馬市役所　0920-53-6111

豊砲台 972039208　棹崎砲台 539818357　大平砲台 526559031　郷山砲台 526550310　姫神山砲台 1062121857
久須保水道 526477329　竹敷軍港跡 526470687　上見坂堡塁 526259644　豆酘砲台 850365194

上見坂堡塁／明治35年に整備された広大な堡塁で、砲台跡や弾薬庫、兵舎跡などがたいへん良く残っている。また、展望台公園として整備され、他の遺跡にくらべて見学が容易な場所にある。

■門や塀が残るほか、兵舎跡がたいへん良い状態で残存する。また、弾薬庫や砲座も観察できる総合的な堡塁遺構である。展望台公園となっており見学しやすい。

竹敷海軍港／明治10年に海軍港として整備され、同29年には海軍要港部が設置されている。大正年間に竹敷防備隊となり、同5年に廃止された。軍港としての機能を今に伝える石積みの波止やドックが良く残る。

■今は漁船が係留されているがまさしく軍港らしい石積みが残る。だ捕したロシア船を日本の艦船に改造したドックも残る。

豊砲台／昭和9年に完成した巨大な砲塔砲台。設置されていた備砲は戦艦「赤城」の主砲を転用した、あるいは「土佐」、「長門」の主砲であったなど、諸説ある。地下には動力室などが残り、大型砲塔砲台の施設群として貴重な遺構である。対馬北岸の監視、防護に威力を発揮した。

■対馬の北端に位置する第二次大戦前の大型砲塔砲台。地下の施設群からアプローチして砲塔の下から見上げたり、横の崖を登って上部からのぞき込むことが可能。

郷山砲台／明治39年に整備された砲台。海に面してはいるが奥深い山の中にあり、石積みの弾薬庫や砲台がひっそりと眠るようにたたずんでいる。石垣や土塁、建物跡も残っている。

■門や塀に囲まれた砲台施設の遺構。残存状況は良いが人里離れた山中にあって見学は容易でない。

大平砲台／明治21年に竣工を見た最も早い時期の砲台。石積みの弾薬庫が現在も姿をとどめ、その上部には備砲の痕跡も残っている。

■最も古い砲台の一つ。湾に面した場所に石積みが現れる。

棹崎砲台／昭和11年に整備が終了した比較的新しい砲台。自然公園として整備され、残存状況も良く見学しやすい。監視所や砲座などが良く残る。

■こちらも第二次大戦前の砲台群。監視所が良い状態で残っている。公園なので見学は容易である。

豆酘砲台

姫神山砲台／明治35年に完成した東岸の砲台。久須保水道の入口を警護する重要な任務を担っていた。弾薬庫や砲台跡が良く残存している。

■集落から離れた山中に弾薬庫や砲座が残る。残存状況がよい。

69 Sasebo Bay Fortress & Batteries

佐《さ》世《せ》保《ぼ》湾《わん》口《こう》要《よう》塞《さい》・砲《ほう》台《だい》群《ぐん》

■所在地―長崎県佐世保市
■竣　工―1900年（明治33年）以降
■牽牛崎堡塁／Cランク近代土木遺産

1

軍港の玄関口を守った明治の砲台がひっそりと眠る

雑木林の中に突如現れる石垣。階段を登ると円盤型の鉄の塊が待っていた。佐世保軍港に入ろうとする敵艦を監視する観測所。明治時代に築かれたその設備が人知れず残っている。分厚い鉄板に包まれた鎮守府防衛の最前線がここに姿をとどめていたのだ。佐世保湾の入口には砲台や弾薬庫など、明治期の軍事施設が良く残っている。

POINT

- 明治期の鎮守府に関わる防衛施設が実に良く残っている。
- 当時の堡塁築造技術が良くわかる。
- 複数ある堡塁・砲台から佐世保要塞の分布や配置が理解できる。

2

3

丸出山堡塁 1～4 8／当時の装甲掩蓋を残す貴重な遺構。明治34年竣工。鉄製の掩蓋はほとんど傷みを見せず、入り口の鉄扉も良く残る。明治期の装甲観測所がこれだけ残っている例は恐らく他にあまり無い。中央を凸状にして鉄板を繋ぎ、太いリベットで固定されている。観測用の開口部には庇状の鉄板を見る。

■特に残りにくい軍事施設にあって装甲観測所が基礎部から完全に残存し、鉄製の装甲掩蓋がほぼ完璧に残っていることは特筆に値する。

牽牛崎堡塁 6

弓張岳堡塁 7／公園化された中に砲台の痕跡を見る。市民に開かれた場所として活用している点で貴重である。

■**砲台**／備砲の姿が浮かばないのが残念だが、砲台の規模や配置がわかる。

小首堡塁 5／山中に突如として現れる煉瓦と石製の弾薬庫が圧巻。明治33年に竣工したままの姿を見る。背の高い門柱、弾薬庫、砲台や観測所の跡などが良く残り、門柱周辺には付属する建物の跡が廃墟の形で残る。

■**弾薬庫**／佐世保要塞に標準的に見られる煉瓦と石の組み合わせ、コンクリートアーチの耐震壁が特徴的である。

鎮守府設置から数年の後、本格的な造船所建設が始まった佐世保は軍港としての歴史を刻み始めた。明治30年代になると湾口の防備を目的に堡塁・砲台群の建設が始まり、一帯は佐世保要塞としての体裁を整えていった。現在もいくつかの堡塁や砲台が現状をとどめている。ここに写真を掲載したもの以外にも湾口南側手の西海町古場郷に残存状況の良い石原岳堡塁が残されていて、公園化されている。

■**アクセス**　牽牛崎堡塁の敷地は現在立ち入りできない。また、丸出山堡塁と小首堡塁はアクセスが極めて難しく、個人所有地も含まれるため、詳細は掲載しない。弓張岳堡塁は公園化され、容易に見学できる。

丸出山堡塁・小首堡塁／JR佐世保駅よりSSバイパスにて西へ。県道149号に入り、俵ヶ浦方面へ。

弓張岳堡塁／

・JR佐世保駅よりタクシーで約15分。
・JR佐世保駅より西肥バス弓張展望台行きにて約20分。
・西九州道佐世保みなとI.C.より約20分。

■基本的に観光地ではないので弓張岳、石原岳以外の堡塁を散策する場合は住民の了解を得るなど、マナーを守りたい。

マップコード／丸出山堡塁 307394867　小首堡塁 307365345　弓張岳堡塁 89054222　牽牛崎堡塁 307574804

70 Kagoshima Port Shin-hato Battery

鹿《か》児《ご》島《しま》港《こう》 新《しん》波《は》止《と》砲《ほう》台《だい》

■所在地—鹿児島県鹿児島市本港新町
■竣　工—1854年（安政元年）

■新波止砲台全景／薩英戦争でこれらの砲台から攻撃し、英国艦隊7隻全艦に損傷を与え63名の死傷者を出している。

薩摩の城下を守護した幕末の最前線

幕末の薩摩に欧米の力が忍び寄っていた。通商や艦船への補給を求めて開港を迫る諸外国の来航。次第に衝突の機会も増え、薩摩藩は他に例を見ないほど徹底した防衛策を講じてゆく。海に臨む要衝に砲台を築き大砲を備えた。城下の海岸線には防塁も築いている。文久3年(1862)これらの砲台は辛くも英国軍艦を撃退するのである。

弘化元年(1844)に始まった砲台整備は鹿児島湾の周囲から外海にまで及んだ。砲術は長崎に洋式砲術を学ばせ、鋳製方(いせいほう)と呼ばれる鋳物場を設けて青銅砲などを鋳造。さらに火薬にいたるまで研究を重ね、洋式の製法で自家製造にあたっている。近代化により積極的な島津斉彬が藩主になるとさらに砲台の強化が図られ、安政元年に弁天波止砲台と新波止砲台が整備された。同時に城下の様子を隠し守るように防塁が築かれている。その後斉彬は没するが、構築された大防衛線は長崎海軍伝習所の蘭人カッテンディーケをも驚かせたのである。新波止砲台は鹿児島城の正面に位置する要衝で、名称と位置から察するに波止場の岸壁にあったと考えられる。ここには150ポンド爆砲をはじめ11門が備えられていたと記録にある。

POINT

- 幕末期に整備された近代砲台の片鱗を残す。
- 薩英戦争という歴史的戦闘の舞台でもある。
- この頃の軍備整備の急進によって近代化に弾みがついた事も見逃せない。

262088778

■アクセス

・九州新幹線鹿児島中央駅より市電鹿児島駅行きにて約15分。水族館口下車、徒歩8分。
・市内各所より各社バスにて水族館前、桜島桟橋前下車、徒歩数分。
・国道10号城山入口交差点より海側へ入り約3分。かごしま水族館をめざす。

■隣接して駐車場有り。
■桜島フェリーより全体を俯瞰できる。

軍事｜記念碑

71 Peace Memorial Statue

平和祈念像《へいわきねんぞう》

■所在地—長崎県長崎市松山町
2004・2

■竣　工—1955年（昭和30年）

■高さ9・7m、重量30t

■平成12年、富山の伝統工芸高岡銅器の技術で解体・修復を施した。

戦争への怒りと平和への祈りを体現する原爆のシンボル

世界に平和の尊さを発信する聖地が九州にあることを私たちは忘れてはならない。たった一発の原子爆弾が、実に七万四千人の命を奪い、同数以上の人びとを負傷させた。今日も大勢の人びとが訪れる。鋭く天を指す右手が原爆を、制するように水平に伸びる左手は平和を、目を閉じた顔は戦争犠牲者の冥福を祈る意味を持つ。

P O I N T

- 世界の恒久平和への祈りを誰にでもわかるように力強く表現している。
- 原爆投下60年、像建立50年の節目を迎えてますます意義を増している。
- 104面の青銅のブロックを1903本の真鍮製ボルトで固定した労作。

昭和20年8月9日午前11時2分。この像の南にある爆心地上空500mで一発のプルトニウム原子爆弾が炸裂した。おぞましいキノコ雲と灼熱地獄。やがて黒い雨も降り長崎の街は焦土と化す。15万人の市民を死傷させ、現在も多くの被爆者を悩ませ続ける強大なる悪魔の兵器。その脅威こそ戦争の実体であり、人間の創り出す最も愚かな産物といえよう。昭和30年8月9日、ちょうど原爆投下から10年目のその日、島原出身の彫刻家北村西望（1884〜1987）の手による平和祈念像が建立された。当時の長崎市長の言葉には「私ども生き残った市民は、被爆諸霊の冥福を祈り、かつ、この惨禍が再び地上に繰り返されることを防ぐために、自ら起って、世界恒久平和の使徒となることを決意し、その象徴として、この丘に、平和祈念像の建立を発願した。（抜粋）」とある。

539536766

■アクセス

・JR長崎駅より長崎電気軌道路面電車赤迫行きにて約10分松山電停下車、徒歩3分。
・ながさき出島道路出入口より国道202号を北上。長崎駅前を通過し、国道206号平和公園入口交差点右折。

■駐車場有り。公園一帯には見るべきものも多い。長崎原爆資料館も隣接。

■問い合わせ

長崎原爆資料館　095-844-1231
長崎市役所　095-825-5151

■人の絶えることのない祈念像前／平和公園内にはさまざまな像や施設があり、原爆犠牲者への慰霊や平和祈念の聖地となっている。祈念像の前には修学旅行生や外国人旅行者も多く常に人の絶えることがない。

72 Russian Warship "Нахимовское (Nakhimov)"s' Cannon

ナヒモフ号《ごう》艦《かん》載《さい》砲《ほう》

■所在地―長崎県対馬市上対馬町茂木浜
■1905年（明治38年）（撃沈時）

1

対馬沖海戦のエピソードを知る歴史の証人

奇しくも100年を迎えようとしている。この浜の沖合でロシア・バルチック艦隊の装甲巡洋艦アドミラル・ナヒモフ号は駆逐艦不知火の攻撃により沈没。乗員はほとんどが捕虜となり一部が地元民に保護されている。昭和55年、同船に眠ると噂された金塊の引き揚げ騒動があり、地元に贈られた艦載砲がこうして海岸に眠っている。

POINT

● 対馬の地に眠る日露戦争の価値ある遺品である。
● 口径20㎝の艦載砲は現状では状態も良い。
● 周囲の村落の人びととナヒモフ号のかかわりが深い。

2

そこには解説もない。日露戦争で日本軍が撃沈したバルチック艦隊の遺品が歴史的評価を受けることもなく海岸にある。明治38年5月27日、「敵艦見ゆ」の一報に東郷平八郎の艦隊は対馬北方へと急行。連合艦隊参謀秋山真之の「天気晴朗なれども波高し」という打電はあまりにも有名である。海戦は日本軍優勢のもとに進み、結局ロシア艦38隻中20隻を撃沈し勝利した。28日の早朝に駆逐艦不知火の攻撃を受けたナヒモフ号は仮装巡洋艦「佐渡丸」の救助を受け、午前9時に沈没。乗員数百名はナヒモフ号から捕獲され、あるいはボートで脱出。海岸にたどり着いた敵国の兵士たちは地元民の世話を受けた。時は流れ、以前から囁かれていたナヒモフ号の金塊引き揚げが企てられた。艦載砲は金塊以上の意味を持って静かにナヒモフの沈む日露海戦の海を見つめている。

1 艦載砲の全容
ナヒモフ号の艦載砲を証明するものは見当たらない。これが文化財的評価を得ていない理由だろうか。引き揚げに立ち会った人びとのインタビューも含め、早急に調査が進むことを切望したい。腐食は早い。

2 茂木浜と艦載砲
ナヒモフ号を脱出した将校2名と下士官卒97名がこの浜にボートでたどり着いたという。沈没地点はここから十数キロ沖である。

42673358

■**アクセス**　厳原より国道382号を北上。中部の大久保で右折、県道48,39を経て琴から右折。茂木海岸にある。約1時間半。
■駐車場有り。付近に解説や案内板はない。
■隣接して大正7年建立のロシア兵上陸記念碑がある。
■**問い合わせ**
対馬観光物産協会
0920-52-1566
対馬市役所上対馬出張所
0920-86-3959

軍事｜記念碑

73 Triumphal Arch of Yamada

山《やま》田《だ》の凱《がい》旋《せん》門《もん》

■所在地―鹿児島県姶良市下名1178
■竣　工―1906年（明治39年）
■設　置―山田村兵事會
■登録有形文化財、Bランク近代土木遺産

1

日露戦争の終結に湧いた村の歓喜を聞く

がっちりと組まれた凝灰岩の石積みをアーチが繋ぐ。誇らしげに彫られた扁額の文字は凱旋門と刻んでいる。歴史的幸運もあって戦勝を収め国民が湧いた日露戦争。各地で凱旋門が築かれ兵士たちを迎えたが、東郷平八郎や大山巌を輩出した鹿児島では一地方の村落でこれほどの門を築いていた。今日、全国的にも稀な構造物である。

米国ポーツマスで結ばれた講和条約によって日露戦争が終結したのは明治38年9月のこと。戦勝を記念し、帰還する出征兵士たちを歓迎する気運が高まった。東京では10カ所を越える大凱旋門が用意され、元帥以下、兵士たちの凱旋を華々しく迎えていた。このような動きは地方に伝播し各地に凱旋門が築かれた。同時に神社の境内などに招魂碑を設けて戦没者の霊をなぐさめる。山田の凱旋門もこの頃に築かれている。他の凱旋門がことごとく姿を消したのに対し、凝灰岩で精緻に築き上げたアーチは現在も姿をとどめる。日露戦争の凱旋門は煉瓦のアーチ門が静岡県引佐町渋川に現存し、これも明治39年建造。戦勝を祝い無事帰還した兵士を讃える施設だが、やみくもに戦争肯定の象徴と捉えることなく、歴史の陰影を語る証人として見つめるべき遺産ではなかろうか。

2

POINT

- 門柱状のものを除けば全国に類例はなく石積みの凱旋門は唯一と思われる。
- 布積みの切石で精緻に造られており、鹿児島らしい石造建造物。
- 建造から100年。改めて戦争と平和を考える機会を与えてくれる。

1 小さな凱旋門
高さ4.7m、アーチ径間は2.7mを計る。ちなみに静岡県引佐町の煉瓦製「凱旋記念門」は高さ3.6mである。

2 3 強固な石積み
丁寧に面取りを施した切石を布積みにしている。アーチ部には鹿児島に多く見られる石橋の技術が応用されていることは一目瞭然である。

4 5 石額の文字
揮毫は陸軍中将大久保利貞による。

42673388

■アクセス
・JR帖佐駅より国道10号を横切り県道391号にて米山交差点を左折。山田口分岐を右へ。山田橋を渡り、山田地区公民館を目指す。車で約15分。
■専用の駐車場はないが近くに駐車可能。マナーを守りたい。
■問い合わせ　姶良町歴史民俗資料館　0995-65-1553

3

5

4

1

軍事｜原爆被爆構造物

74 Sannoh Shrine *Torii* Gate "Atomic Bombed Torii"

山《さん》王《のう》神《じん》社《じゃ》二《に》の鳥《とり》居《い》

■所在地—長崎県長崎市坂本1

■建立—1924年（大正13年）

■被爆—1945年（昭和20年）

原爆のすさまじさを伝えるために立つ執念の鳥居

爆心地から800m離れていても石の鳥居は吹き飛んだ。残された鳥居は60年の時を経て、執念の一本足で立っている。上部は被爆時の熱線に焼かれて黒変し、笠石も実はねじれている。しかしこの鳥居は倒れない。原爆の地獄絵を見た目撃者として、未来にその恐ろしさを伝える伝承者として、鳥居は街中に立ち続けている。

1 2 60年の時を隔てて
鳥居の姿は「あの日」から変わらない。しかし街は復興し、原爆の痕跡はことごとく消え去っている。それだけにこのような真実の痕跡が重要さを増している。

■ 倒壊しなかったわけ
完全倒壊した三の鳥居や四の鳥居は爆風に対して垂直に立っていたという。一の鳥居や二の鳥居は爆風に対して平行に近い角度で立っていたために完全倒壊を免れたと伝える。

POINT

- 被爆の痕跡をとどめる変形と変色が戦争の愚かさを訴える。
- 倒壊した部材も参道横に保存・公開されている。
- 石製の鳥居は熱線で表面が一部溶融している。

昭和20年8月9日、長崎市松山町上空に投下された原爆によって長崎の街はほぼ全滅の状況を呈した。計算（長崎大学原爆被災学術資料センター調査）によると爆心地から1㎞地点の爆風は秒速160m。熱線量は42・2 cal／㎠、すなわち煉瓦さえ溶けるほどのすさまじさであった。山王神社の社殿は跡形もなく消滅している。当時、参道には一の鳥居から四の鳥居までが立っていたという。一の鳥居は運良く倒壊を免れたがその後交通事故によって失われた。原爆の脅威を語る二の鳥居は奇跡的に片足になっても倒壊することなく残り、やがて街が復興するにつれて被爆鳥居として価値が認められるようになった。平成11年、危険回避のために若干の対策を講ずるも鳥居は被爆時のままの姿で今日も立っている。まるで使命を帯びているかのような執念を見る。

262059615

■ アクセス
・JR長崎駅より長崎電気軌道路面電車赤迫行きにて約8分浦上駅前電停下車。山手に向かい徒歩5分。
・ながさき出島道路出入口より国道202号を北上。長崎駅前を通過し銭座町交差点右折。4つ目の信号、十八銀行横の筋が参道。
■ 専用の駐車場はない。
■ 問い合わせ 長崎原爆資料館　095-844-1231
長崎市役所　095-825-5151

茂木浜のナヒモフ号艦載砲

近現代遺産を歩く

2

Column 2
Relics from the Russo-Japanese War

日露戦争百年を迎えて

対馬と日露戦争

九州と朝鮮半島の中間に位置する海峡の島、対馬。防人（さきもり）たちの時代からここは国家防衛の最前線であった。明治時代からの砲台や堡塁の跡が島のあちこちに残ると聞いて車を借りて探し回る。が、ほとんどは深い山中にあり、場所を特定するのも容易ではない。未舗装の道を難儀して走り、時には車を降りて荒れた道を歩く。と、いきなり古い煉瓦の構造物が姿を現す。そんな経験が何カ所も続いた。１００年を過ぎても頑強な軍事施設は良く残っていたりする。しかし山中にあって訪れる人も少なく荒れ放題の場所も多い。

明治37年2月、日露戦争の開戦によって対馬はますます重要な軍事拠点となる。翌年、日本海海戦として名高い対馬沖海戦がこの島の沖合でくり広げられ、日本海軍の連合艦隊はロシア軍の通称「バルチック艦隊」を撃滅した。島の砲台や堡塁、そして竹敷軍港は明治10年頃から整備

Нахимовское (Admiral Nakhimov)

トン数 8524トン
速度 17ノット
乗組員 570名
装備 8インチ砲2門×4組
6インチ砲×10門
3ポンド速射砲×12門
1ポンド砲×6門
15インチ魚雷発射管×3門

■ロシア巡洋艦 アドミラル・ナヒモフについて

バルト海軍の工廠で建造。1885年11月進水。1887年12月に完成を見た。1899年にはボイラーを換装。帆走のための艤装を撤去して機関船として近代化を図っている。イラストは1902年頃のナヒモフ号を描写したもので、この時点では帆船に特有のバウスプリット（船首部の斜めの突出）も無くなり近代的な艤装に変更されている。3年後の対馬沖海戦の時点では、ほぼこのままの姿だったと考えられる。

され、久須保水道も明治33年に開通していることから防衛拠点としての対馬は日露戦争段階である程度の効力を発揮できたと考える。対馬の軍事施設にはこうした明治期からの歴史がある。

日露戦争に関する歴史的評価はあまり盛んに行われていない。背景には戦前の軍国主義に対する反省などがうかがえる。だが、史実はつねに表裏一体。勝利であろうと敗北であろうと戦争の陰には殺戮と破壊が存在し、戦果があがれば人びとは歓喜に湧いた。それを正視することなく戦争の実像は見えてこない。対馬沖海戦からちょうど100年。軍事遺跡の残存状況は良くても、保存活用はこれからである。自治体や地元住民の協力で歴史的意義のある遺構が未来に受け継がれることを願って止まない。

ナヒモフ号艦載砲をめぐって

対馬北部の東岸をドライブすると茂木浜という風光明媚な砂浜が見えてくる。そこに1門の大砲が置かれていた。ナヒモフ号の艦載砲である。アドミラル・ナヒモフ〝Нахимовское (Nakhimov)〟号はバルチック艦隊の巡洋艦で、明治38年5月27日の海戦では損害が少なかったものの翌28日、日本海軍の攻撃によって撃沈、乗組員は収容されることになる。それから80年あまり経ったある日、ナヒモフ号に搭載されていたという金塊を目当てに引き揚げの作業が始まった。結果は定かでないが、その際に関わった人びとから地元に寄付されたのが現在も海岸に眠

ナヒモフ号艦載砲部分

る1門の大砲である。現物をつぶさに観察すると100年を経過しているとは信じがたいほどに原形をとどめる。現在、現場には解説もなく、この大砲が対馬沖海戦で日本海軍と死闘を演じたロシア艦船の遺物であることはあまり知られていない。今回の調査に際しては、本当にナヒモフ号の大砲であるかという点に疑問も生じた。文献資料に乏しいため、ロシアおよび欧米のサイト等で検索したところ、在りし日のナヒモフ号の写真や砲座の写真を見ることもできた。また、備砲の口径などもデータとして掲載されたサイトが多数ある。これらを見る限り、茂木浜の大砲はナヒモフ号のものと考えて間違いなさそうである。インターネット上の情報には時として誤りも見られる。文献資料と比べると明らかに信憑性に欠け、責任の所在も明確でない場合が多い。しかし、著しく資料の少ないナヒモフ号のような事例では、スピーディにしかも大量の情報にアクセスできる点で利点もある。本書は学術報告書ではないのでこれ以上の言及は控えるが、ナヒモフ号艦載砲については自治体等の力でさらに明確に調査がなされ、対馬沖海戦の数少ない形見として保存活用の策が施されることを期待したい。ちなみにナヒモフ号の乗組員は艦長以下収容されて捕虜となるが、地域の住民たちは献身的に世話をし、戦死者については寺で法要まで行っている。こうした逸話までも戦争を讃美する美談として捉えることなく歴史的真実として語り継いでゆくべきではなかろうか。

公共・生活遺産

省庁施設・役所・役場・公会堂・展示館

学校・関連施設

宗教建築

75 Former Nagasaki Prison

旧《きゅう》長《なが》崎《さき》刑《けい》務《む》所《しょ》

■所在地—長崎県諫早市野中町508、他
■竣　工—1907年(明治40年)
■設計者—司法省 山下啓次郎
■この遺産は一部を除いて既に解体撤去されました。

1

2

1 3 煉瓦塀／極めて良好に残る。セキュリティの必要なコミューンへの転用など、アイデア次第で活かせるのだが。

罪人たちの心を洗った煉瓦建築の至宝が朽ちゆく

九州で最も美しい煉瓦建物の一つである。この建造物の価値はそれだけではない。囚人を囲う施設として陰惨だった牢獄を見直し、受刑者を一人格として扱うことで更正への希望を与える近代刑務所の思想が込められているのだ。受刑者の視線で見ると最も美しく、心を癒したというヒューマニズムに満ちた施設。まさしく九州の至宝である。

3

2 正門／煉瓦と石を組み合わせた意匠が目をひく。威圧感を抑えた構造。

設計者は司法省の山下啓次郎。諸外国から批判されていた日本の監獄環境を改善すべく、欧米の刑務所を10ヶ月かけて視察。その数は30件に及んだ。成果を踏まえて建造された明治期の5大監獄の一つ。九州で双璧をなした鹿児島刑務所はすでに解体され、正門だけが寂しく残る。旧長崎刑務所は周囲を取り囲む煉瓦塀、正門、本館建物など、全容を残す重要な史跡である。並木道の痕跡を経て正門へ。精緻な装飾と曲線を多用し、風格の中にも優しさを感じる。鉄格子越しに見る本館は中央の尖塔部を軸に左右対称で、軒まわりには歯形状の装飾が連続する。残念ながら垣間見えるのはここまで。現存する奈良少年刑務所などを見る限り、内部もまた素晴らしい意匠であるに違いない。だがここは朽ち果てるがまま。刑務所というイメージのためか。人間の尊厳を見つめ、旧習を脱して思想の近代化を図ろうとした心豊かな施設の意味を今、理解できる人は少ない。痛恨の極みである。

P O I N T

- ●立体感のある正門の形状と重ねて見える中の建物。とにかく美しい。
- ●煉瓦塀は完璧に残っている。アーチ状の基礎部にも優雅さが漂う。
- ●周囲から塀越しに見る建物にも繊細なデザインと工夫がうかがえる。

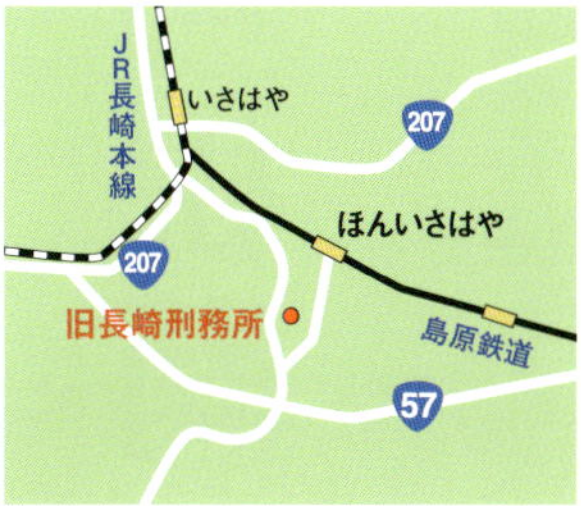

44621128

■アクセス
島原鉄道本諫早駅より徒歩10分。

公共｜省庁施設

76 Former Moji Customs House

旧《きゅう》門《も》司《じ》税《ぜい》関《かん》

■所在地―福岡県北九州市門司区東港町1・24
■竣　工―1912年（明治45年）
■設計者―大蔵省臨時建築部　咲寿英一

甦った煉瓦のビルは門司港の栄枯盛衰を見つめる

水際の番人は威厳ある姿を取りもどした。大勢の観光客で賑わう門司港レトロ。この建物が竣工した頃には、中国や朝鮮半島と往き来する人びとでごった返していた。人びとの目に焼き付き、思い出の景観を心に刻み込む建物。明治の人びとはそれをしっかり考えてモノを造っている。その哲学は一世紀を経て少しも揺るぐ事はない。

1 ライトアップされる建物
レトロ地区を象徴するように闇に浮かび上がる姿。復元することがなければ消えていた文化である。

2 現代建築との供宴
黒川紀章設計の高層マンション「レトロハイマート」を背景に少しも劣ることのないデザインに、明治期の建物が持つパワーを感じる。

旧大阪商船門司支店など状態の良い建築物は他にいくつも残る。しかし民間に払い下げ、倉庫に転用されて解体まで計画されていたものをこうして市の所有とし、市民や観光客に開かれた施設として復元した英断に敬意を表したい。興味深いのは石炭積み出しや大陸との交通でおおいに湧いた門司港にあって、明治期の洋館建築様式を踏襲していること。また、税関という貿易港にふさわしい施設であることの2点である。復元部分は時とともにオリジナルの壁面となじんできた。明治18年に長崎税関門司出張所が開設されたときには間借り状態。木造の庁舎が建造されるも2度焼失し、やっと完成したのがこの建物。明治45年のことである。その後昭和11年からは民間所有となっていた。平成2年に北九州市の所有になり門司港レトロ事業の一環として復元を受けた。

1

16715297

■アクセス JR門司港駅より正面に見える入り江を目指す。対岸の岸壁際の建物。徒歩5分。
■門司港レトロ駐車場が近くにある。
■通常は無料で一般公開中。イベント時は有料の場合もある。午前9時〜午後5時　休館12月29〜1月1日
■問い合わせ
旧門司税関　093-321-6111

POINT

● 近くで見ても遠望しても海の色に映える赤煉瓦の建物。
● 白い花崗岩のボーダーや窓上下の蛇腹がアクセントになっている。
● 瓦屋根とそこに穿たれた窓、左右対称に突き出す塔屋がバランス良い建物。

2

公共｜役所

77 Miyazaki Prefectural Office Former Head Office & 2nd Office

宮《みや》崎《ざき》県《けん》庁《ちょう》舎《しゃ》（本館《ほんかん》・第《だい》二《に》別館《べっかん》）

1

3

2

■所在地―宮崎県宮崎市橘通東

■竣　工―本館／1932年（昭和7年）
第二別館／1925年（大正14年）

■設計者―本館／置塩 章
（兵庫県庁で営繕課長として活躍ののち建築家として独立）
第二別館／不詳

格式を重んじる県都の顔に南国の光が差す

宮崎らしい明るさに満ちた建築と言えばあまりに安直だろうか。陽光を受けて輝くファサード、南国らしい周辺の樹木と融合して実に青空が似合う。威厳ある県庁本庁舎であるがそこには宮崎独特の光や色を映し込んでなお負けることのない心地良さが漂っていた。お堅い戦前の建築がまるで風水を得たように縁起良く見えている。

POINT

本館
- 気候風土に的確に合う色彩計画。どことなく心地よさが漂う。
- 細部に装飾を施し威厳を保ちつつも単調さを払拭する意図がうかがえる。
- 第二別館にもポーチ上の円柱など独特な装飾が見られる。

第二別館
- 大正末期の煉瓦建物。自然石を多用しバランス良く仕上げられている。

2つの建物の違った趣には秘密がある。本庁舎の建築は県都の中枢、県庁舎として造られた昭和初期の建物である。対して第二別館の方はそもそも銀行として造られたもの。旧宮崎農工銀行、旧第一勧業銀行宮崎支店を経て県庁第二別館という肩書きを得ている。自然石とスクラッチタイルで構成された本庁舎は柱形などを効果的に演出し、縦のラインを強調。この時代の庁舎建築に良く見られる手法だが、門柱から車寄せ、庁舎壁面に至るまで突起状の装飾を付けることで演出をはかり統一感を持たせている。圧巻は玄関ロビー内部。自然石を貼り分け、重厚で豪華な雰囲気を醸しつつ階段部には4階までの吹き抜けを設ける。第二別館の外観には明治から移行したことで多少スッキリとなった煉瓦洋館様式の意匠を見る。美しい建物だけに削り取られた軒下の装飾が惜しい。

66261784

■アクセス JR宮崎駅より宮交バス宮交シティ行きにて約10分。県庁前下車。
■基本的に観光地ではないのでマナーを守り、静かに見学したい。
■問い合わせ
宮崎県庁　0985-24-1111

第二別館 1 2 3 石と煉瓦の供宴／腰下と軒まわりの自然石がどっしりとした風格を演出。煉瓦壁の緻密さも手伝って美麗な建築。軒部の装飾が削り取られているのは銀行の社章が入っていたためか。いささか無粋と言わざるを得ない。

本館 —— 4 陽光に映える庁舎／建物の向きが良いことも幸いしていつも明るい印象の県庁である。

5 玄関ロビー部／自然石を惜しみなく使い、直線と曲線を組み合わせた美しい空間。階段手摺りの透かしも独創的だ。

78 Kagoshima City Public Hall

旧《きゅう》鹿《か》児《ご》島《しま》市《し》公《こう》会《かい》堂《どう》

（鹿《か》児《ご》島《しま》市《し》中《ちゅう》央《おう》公《こう》民《みん》館《かん》）

■所在地―鹿児島県鹿児島市山下町5・9

■竣　工―1927年（昭和2年）

■設計者―片岡 安

2

3

1

控えめなのに惹かれる建物。青空に映える魔法のホール

青空にきりりと引き締まる表情が頼もしい。コンクリートなのに石造のような風格。いかにも昭和初期らしいタッチと渋めな意匠である。だが良く見るとポーチ上には中東を思わせる尖頭アーチの窓を配するなど、さまざまな様式を取り込んでいる。一種エキゾチックな雰囲気が現在まで人びとを惹き付ける魅力になっているのだ。

西郷銅像の正面。古くは鹿児島県庁があった一等地に立つ。館内はオリジナルの価値を損なわぬよう配慮されつつ現在も使用されている。設計者も関わった大阪市中央公会堂の流麗な煉瓦建物に対し、意匠の共通はあってもコンセプトは明らかに異なるものである。素材のためか質素にも思える外観だが、細部には装飾を施して見るものを飽きさせない。特に正面は階段室を左右に振り分けた左右対称の構造で中央に3連の尖頭アーチの窓を並べ、その脇を柱形を通して一階の玄関部に連続させている。建物側面の窓部にも細かい装飾が美しい。内部はホール機能を十分に理解した機能的な配置である。片岡の建築哲学もさることながら古建築の良さを損なわずに維持している管理者の努力に敬意を表したい。願わくば建物の価値を次の世代にしっかりと伝え使いこなして欲しい。

POINT

- 中央階段アプローチの高欄も曲線美を持つ。
- 特に玄関まわりやロビー内装がクラシカルな美しさを持つ。
- 外観は観察するほどに発見があり、この建物の魅力に取り憑かれる。

42036023

■アクセス 九州新幹線鹿児島中央駅より市電鹿児島駅行きにて朝日通下車。山手に向かって徒歩5分。西郷銅像前。
■市民のための公民館施設なので見学時には一声かけマナーを守りたい。
■建物前の公園地下に有料駐車場有り。
■問い合わせ 鹿児島市中央公民館 099-224-4528

4

5

6

1 2 個性的な外観
桜島の降灰もある鹿児島のこと。アルミサッシはやむを得ないか。今後のメーカーの努力に期待したい。
3 ホール内部
決して大きくはないが、温かみのある心地よいホールである。ギャラリー(2階席のバルコニー部)を支える円柱が美しい。
4 独特な尖頭アーチの窓
どことなく中東の建物を意識させるイスラムチックな意匠を採用。建物の色味とあいまって面白い。
5 側壁の窓
こちらは窓の直上に唐草文様の装飾を見る。
6 玄関まわりの意匠
片岡のこだわりがいかんなく発揮されている玄関周辺。まぶしい鹿児島の光と中の暗さをうまく調整する。

公共｜展示館

79 Former Kagoshima Industrial Exhibition Hall

旧《きゅう》鹿《か》児《ご》島《しま》興《こう》業《ぎょう》館《かん》

1

2

■所在地―鹿児島県鹿児島市城山町1・1
■竣　工―1883年(明治16年)
■設計者―不詳
■登録有形文化財

明治の人びとを驚かせた凝灰岩のビルディング

驚くのは建造時期である。明治16年といえば鹿鳴館竣工の年。封建社会から開放され近代化の美酒に人びとが酔いしれた頃、一地方の共進会にこれほどの建物が建てられている。鹿鳴館は煉瓦だが興業館は石造。鹿児島らしい。正面に庭園と池があったという。これも鹿鳴館と変わらない。さすがに見物客が絶えなかったという。

POINT

- ●明治前期に建造された最古級の石造ビルディングである。
- ●地元産の石材とその加工技術を洋館建築に巧みに応用している。
- ●空襲で内部を全焼するも外壁はほとんど竣工当時のままである。

興業館は素晴らしい。見るものに話しかけてくる建物である。まずは石の使用と加工技術。藩政時代から南九州に根付いていた石造文化はここで最高潮に達している。変則的なアーチ構成、整然とした壁の石積み。基礎部の頑強さも特筆に値する。バルコニーの高欄には透かしを施し、この建物を俄然楽しく彩っている。角に擬宝珠を配する。まるで石橋ではないか。設計者は外国人と伝えるが、秀麗な石橋を見てその技術を確信したに違いない。明治にもたらされた西洋の建築文化と薩摩の地に育まれた職人の技、そして火山の賜物である凝灰岩という素材がここに昇華している。石造ビルディングが残り少ない九州にあって、興業館の持つ意義は計り知れない。願わくば最新の技術を駆使し、本来の形を疎外せずに補強して今後の使用に供して欲しい。

42006825

■**アクセス** 九州新幹線鹿児島中央駅より市電鹿児島駅行きにて天文館下車。山手側へ進み、照国神社を目指す。県立博物館裏、照国神社鳥居前の建物。
■周辺に有料駐車場有り。
■建物周囲への立入に制限はないが、建物自体は老朽化を理由に立入できない。

1 芸術的アーチ／両翼の突き出し部には径間の異なる芸術的なアーチが描かれる。
2 バルコニーのあるビル／高欄付きのバルコニーがこの建物の特徴。
3 ディテール／角柱と擬宝珠に見る加工のシャープさは群を抜いている。

公共｜学校

80 Kumamoto University Campus Buildings

熊《くま》本《もと》大《だい》学《がく》構《こう》内《ない》建《たて》物《もの》群《ぐん》

■所在地―熊本県熊本市黒髪2・39、他

■竣　工―正門、本校、化学教室／1889年（明治22年）
熊本高等工業学校機械実験工場／1909年（明治42年）

■設計者―文部省三等技師 山口半六、同四等技師 久留正道

■第五高等中学校本校、化学教室、正門／国指定重要文化財

■熊本高等工業学校機械実験工場／国指定重要文化財

■熊本高等工業学校本館／登録有形文化財

今なお美しい赤レンガの学舎が五高の誇りを未来へつなぐ

風土を読み取り快適で長く愛される建物を作る。山口半六はそもそも天才だった。松江に生まれ若くして上京。優秀さが買われてパリに留学し、建築を学んでいる。帰国して官民双方の仕事をこなすものの病に伏し、それでも各地に名建築を残してゆく。街を計画するほどのプランナーが作った学園ゆえに五校建築は今なお素晴らしい。

POINT

● 山口半六の得意な煉瓦とアーチのバランス良い建物。

● 四高（現石川近代文学館）も山口と久留のコンビで設計。

● 学内には他に旧工学部図書分室など、いくつかの近代建築がある。

木々の間から見えてくる赤煉瓦の建物。学問を志す者に誇りを与える威厳ある姿。安心して学べる雰囲気と環境を創り出している。明治期の近代化政策は学校教育にも及んだ。国内に五つの区を設け、熊本には第五高等中学校を設置。

その際築造された校舎群のうち、現在も残るのが正門、本校、化学教室である。このうち本校は中央に出入口のある塔屋を設け階段部を包み込む。翼を伸ばしたような姿。煉瓦の壁面と数条の蛇腹、コーナーストーンの白い石が織りなす調和が最大の魅力だ。化学教室も同様の煉瓦造りでこちらは平屋造り。幾本も屋根に突き出る煙突がアクセントである。後年独立した高等工業学校（現在の工学部）の機械実験工場には排煙用の越屋根が付き、大胆なアーチの連続が圧巻。間に並ぶ控え壁にも石が配され、リズミカルな美しさが魅力である。

1 正門／学府の誇りを示すシンボルは赤門と呼ばれる。夏目漱石はここを何度通ったことだろう。
2 紅葉に染まる本校／パリ、エコール・サントラールで学んだ山口のセンスが光る。
3 化学教室／庇のついた塔屋は階段教室である。
4 5 高等工業学校機械実験工場／機械稼働時の排気のためであろうか、越屋根がつく。

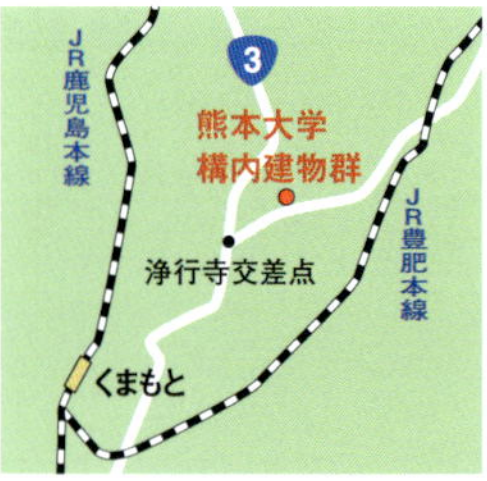

29522283

■アクセス
・交通センターより産交バス武蔵ヶ丘、大津、吹田団地方面行きにて熊本大学前バス停下車。
・国道3号浄行寺交差点より県道337号に入り約2分。
■現熊本大学である。マナーを守り見学したい。
■専用駐車場はない。近隣に有料駐車場有り。
■本校は五高記念館として公開。ただし土・休日のみ

■問い合わせ
熊本市観光課　096-328-2111
熊本市観光情報センター　096-322-5060

2

5

4

3

81 Maria-en (Congrégation des Soeurs de L'Enfant-Jésus de Chauffailles), Seishin Convent & Chapel

マリア園《えん》

（ショファイユの幼《おさな》きイエズス修道会《しゅうどうかい》清心修道院《せいしんしゅうどういん》）

■所在地―長崎県長崎市
■竣　工―1898年（明治31年）
■設計者―センネツ
※マリア会ではセネンツと伝承している。詳細不明。

港を見おろす外国人居留地にたたずむフランス屋根の館

マンサード屋根という。上部は緩やかに下部は急傾斜になっている腰の折れた屋根。ロマネスク様式の洋館に礼拝堂が付く壮大な修道院建築を美しく飾っている。煉瓦積みの建物は長崎を彩る大切な要素。明治31年竣工という歴史がマリア園の価値を一層高めている。シスターたちの優しい心で100年を越える洋館が輝く。

POINT
● 地下1階、地上3階建ての大規模な煉瓦建物は南山手の美しい景観を形成する。
● 修道院らしく小さめのチャペルを附設する。
● マンサード屋根にドーマー窓を並べたロマネスク様式が港付近からも見える。

設計者センネツについてはフランス人修道士という以外にほとんど情報がない。当初は修道院の本部、授産所、学校、寄宿舎を擁する修道院建築だったが今は子どもたちを守る施設として献身的な活動が続けられている。一帯は南山手外国人居留地であり、マリア園は南山手の景観を構成する大切な要素。伝統的建造物群保存地区にも指定されている。だが悩みも尽きない。建物の老朽化にともなう補強の必要性を指摘する声もある。素晴らしい遺産を守るべきと誰もが思うのだが、自治体は財政難。シスターたちの努力だけで維持管理するのは容易でない。

長崎の魅力は誰もがうなずくところ。マリア園のように恒久的に守るべき遺産もある。市街地や湾内の観光船からもはっきり見える素晴らしい建物は、もはやパブリックな遺産でもある。後世に残すための智恵が求められている。保存規制に見合った救済アイデアを官民協力して導き出すことが今を生きる私たちの使命である。

■**煉瓦のマジック**／単調さを感じさせない煉瓦積み。設計者がフランス人であることから北フランスの様式を帯びているという。
1 礼拝堂付近の外観／変則的な煉瓦積みとアーチ型建具の組み合わせで変化に富む。
2 礼拝堂内部／小さいながらも清楚なチャペルは修道院らしく、差し込む陽光に心の平穏を感じる。

■現在、子どもたちを守る施設として運営がなされており、一般の見学・立ち入りはご遠慮を。市内散策や湾内クルーズの際などに遠望して建築の素晴らしさを確認できる。

2

1

82 Kassui Women's College Main Building

活《かつ》水《すい》学《がく》院《いん》本《ほん》館《かん》

■所在地―長崎県長崎市東山手町1・50
■竣　工―1926年（大正15年）
■設計者―J・H・ヴォーゲル
（W・M・ヴォーリズ建築事務所に参画）
※明治末期に米国からヴォーゲルを呼び寄せて自社の設計実務に従事させたのはヴォーリズ(William Merrell Vories)である。大正6年に独立して中国を拠点に活動していたヴォーゲルが再び協力して活水学院本館が設計された。

伝統ある学びの園に響く敬虔な祈り

大正時代の建物という事実がにわかには信じ難いほどに整った校舎。メンテナンスもパーフェクトである。それは外観に限らない。廊下や階段の暗くなりがちなポイントにぬかりなく穿たれた窓。見通しの計算。変化に富む通路構成や完璧な動線。ここに集う若者たちを心豊かに明るく育てるという意志がみなぎる最良の校舎である。

POINT

● ゴシック様式の外観は現代にも十分通用する斬新さを持つ。
● 外壁に連続させた独特な幾何学パターンがアクセントとなっている。
● オランダ坂の上、東山手居留地の景観を引き締める大切な役割を担う。

エリザベス・ラッセル女史がジェーン・ギール女史とともにミッション・スクールを創設したのは明治12年のこと。生徒は官梅能ただ一人であった。その後一時は南山手のリンガー邸に移転するも明治15年になって木造2階建てのラッセル館が完成。だが、改組や新しい学科の設置で学生も急増。地震で破損したことも手伝って鉄筋コンクリートの校舎建設にいたり、大正15年に完成した。玄関を設けた8角形の塔屋が特徴的なゴシック調の建物。内部には講義室をはじめ各種教室や共用施設が機能的に配置される。3階南東側の大講堂やさらに階上の小講堂はミッション・スクールを象徴する空間で、特に窓から黄色く染まる陽光が差す小講堂は幻想的。堂内では太い木トラスの小屋組みと器用に曲線を描く長尺のベンチが目をひき、つい時間の経過を忘れてしまう。

■特徴的な外観
傾斜屋根とそこに突き出した研究室のドーマー窓、そして8角形の塔屋が印象深い。

44240212

■**アクセス** JR長崎駅より長崎電気軌道路面電車正覚寺行きにて築町電停乗り換え、石橋行きで市民病院前電停下車。オランダ坂を登る。
■学内は一般立入禁止。
■オランダ坂周辺や市内各所から建物を遠望できる。

1

❶大講堂／大空間の白い天井に幾何学的なトラス構成が渋く映える。
❷❸❹小講堂／黄色い光に包まれる不思議な空間。カーブを描くベンチや木製トラスが美しい。

2

4

3

83 Oura Church (Cathedral of 26 Martyrs), Latin Seminary & Archbishop Manor House

大《おお》浦《うら》天《てん》主《しゅ》堂《どう》（日本《にほん》26聖殉教者天主堂《せいじゅんきょうしゃてんしゅどう》）・旧《きゅう》羅《ら》典《てん》神《しん》学《がっ》校《こう》・大《だい》司《し》教《きょう》館《かん》

■所在地―長崎県長崎市南山手町5・3
■竣　工―大浦天主堂／1864年（元治元年）
旧羅典神学校／1875年（明治8年）
大司教館／1915年（大正4年）
■設計者―大浦天主堂／ジラール・フューレ神父、ベルナルド・タデオ・プチジャン神父
旧羅典神学校／マルコ・ド・ロ神父　Marco de Roz
大司教館／マルコ・ド・ロ神父、鉄川与助
■大浦天主堂／世界遺産「長崎と天草地方の潜伏キリシタン関連遺産」・国宝
旧羅典神学校／国指定重要文化財

長崎の顔としてそびえる最古の天主堂

洋館建築としては初の国宝。日本最古の天主堂である。鎖国中も弾圧から逃れつつ連綿と信仰の灯を守った隠れ信徒たちが発見された場所としても名高い。隣接してド・ロ神父の設計による旧羅典神学校と大司教館が明治・大正期の宗教建築の実像を見せてくれる。まさに国の宝にふさわしい一帯をゆっくりと散策していただきたい。

POINT

● 日本のキリスト教史に名だたる天主堂である。
● 旧羅典神学校は煉瓦造漆喰塗りの不思議な雰囲気の建物。
● 大司教館はド・ロ神父と鉄川与助のコラボレーションによって生まれた。

■**大浦天主堂の堂内**／荘厳な雰囲気は訪れる人びとに日本におけるキリスト教の長い歴史を思い起こさせる。

大浦天主堂

開国はすなわち宗教的な開放の瞬間でもあった。長崎は開港する全国5つの港に数えられ、外国人居留地を設けて交易が始まっている。パリ外国宣教会から派遣されたフューレ神父とプチジャン神父は文久3年（1863）に長崎に到着し、直ちに天主堂建築に取りかかる。土地を入手し12月に着工。翌年末には完成し慶応元年（1865）2月に祝別式を行った。明治12年に全体の拡張工事を行い壁面を煉瓦に変えてゴチック様式に改築。さらに原爆被害の修復を行って現在に至っている。創建当初、多くの日本人がこの目新しい洋風建築を見物に訪れた。その中の一団がキリスト教信者であることをプチジャン神父に告白したことから弾圧下に潜伏していた信者の存在が明るみになっている。俗に言う隠れキリシタンの発見である。以後長崎周辺や島嶼部に宣教師を向かわせてこれらの信者をまとめ、結果として現在も都市部、地方を問わずに優れた天主堂建築が残されている。すべてはここから始まったのである。

443824650

■**アクセス**
・JR長崎駅より長崎電気軌道路面電車正覚寺行きにて築町電停乗り換え、石橋行きで大浦天主堂下電停下車すぐ。
・ながさき出島道路出入口より国道499号を南へ。べっ甲工芸館の角を左折すぐ。
■大浦天主堂は一般公開中だが、堂内の撮影は許可されていない。
■旧羅典神学校は一階のみ公開中。大司教館は神学校として使用中で立入禁止である。周囲から見学できる。
■**問い合わせ**　大浦天主堂　095-823-2628
長崎市観光協会　095-823-7423

1 3 旧羅典神学校／列柱が美しいベランダ。瓦葺きで漆喰塗りという和の部分も合わせ持つ和洋折衷の美学がある。
2 旧羅典神学校の階段部／螺旋状に階段を設置するのにここまでディテールにこだわっているのが面白い。

■大司教館／こちらの建物もベランダを長手側の壁に付けた和洋折衷の建物。和風の屋根に妻側の煉瓦壁、そしてアーチの中に組み込まれた鎧戸付きの窓が西洋を主張する。美しい煉瓦積みを見るとド・ロ神父と鉄川与助の会話が聞こえてくるようだ。

旧羅典神学校

禁制を解かれたキリスト教信者たちを迎え、共用語のラテン語や神学を学ばせるための寄宿舎付きの学校。後に大司教館としても使われたが現在は資料館。漆喰に包まれた白い建物は木造に見えるが実は煉瓦でできている。その上から漆喰で塗り固められているのだ。傾斜地にあるために半地下構造に見える基礎部を覗くとうずたかく積まれた煉瓦が見えている。細い円柱が特徴的なベランダが1階、2階に連続し、独特な迫力を持つ建物。内部はシンプルな部屋構成だが、意匠に凝った階段が面白い。

3

大司教館

この建物について語るとき、マルコ・ド・ロ神父と鉄川与助のことを忘れることはできない。28歳の時に宣教師として来日したド・ロ神父は大浦天主堂の司祭を経て当時辺境の地であった外海地区に赴任。布教のかたわら数々の授産事業で住民を貧困から救い、ド・ロ様と慕われる。70歳の時に大司教館の設計を始め、ここで鉄川与助と出会う。鉄川は五島生まれの大工棟梁で当時30代半ば。設計・施工の両方をこなす優秀な建築家であった。もともと建築に長けフランス時代から教会建築に携わったド・ロ神父は若くて意欲的に学ぶ鉄川をかわいがり、教会建築に関するさまざまな事柄を教える。鉄川自身もすでに15年ほどの経験があったが、ド・ロ神父の素材選びや建築への姿勢に感化され、その経験はのちの仕事に反映された。ド・ロ神父は大司教館の竣工を見ることなくこの世を去り、建物は大正4年に完成。一生を長崎での布教に捧げ、外海の人びとに父と慕われるド・ロ神父と、九州における天主堂建築の巨匠、鉄川与助が出会った一瞬のきらめきが大司教館に宿っている。

84 Imamura Church

今《いま》村《むら》天《てん》主《しゅ》堂《どう》

（大《だい》天《てん》使《し》聖《せい》ミカエル）

■所在地―福岡県大刀洗町大字今707
■竣　工―1913年（大正2年）
■設計者―鉄川与助（施工も）
■国指定重要文化財

1

モザイクのようなレンガ積みが映える筑後の華

のどかな筑後平野の集落にそびえ立つ煉瓦の大聖堂。九州に数十の天主堂を生みだした鉄川与助の建築の中でも最大級である。慶応3年に発見された今村のキリシタンは長崎各地と同様に長い弾圧に耐えてこの地に潜伏していた。明治12年にコール神父が来訪してからはますます信者が増え、ついに本天主堂の建築が実現したのだ。

POINT

- 双塔が特徴の大天主堂。ロマネスク様式の煉瓦建築である。
- 福岡県内には珍しい煉瓦教会で材料の出所までわかり旧態を良くとどめる。
- 内部は三層構造が良くわかり、天井やステンドグラスも美しい。

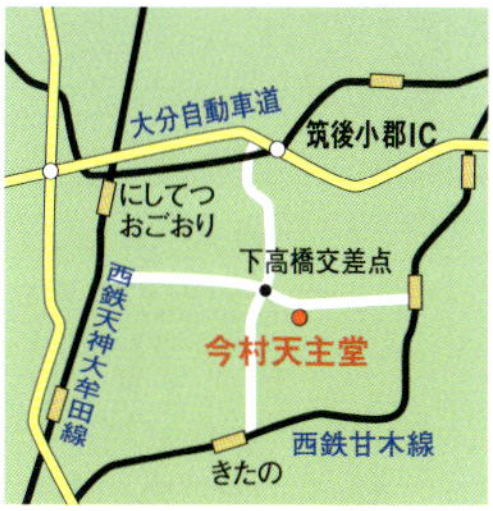

37747065

■アクセス 大分道筑後小郡I.C.より県道53号を南へ。下高橋交差点左折、県道14号を走れば右側集落内に見えてくる。

■現役の教会なのでマナーを守り拝観したい。特に集会時などには配慮したい。

■駐車はできるが信者さんのためのもの。

■問い合わせ
今村天主堂　0942-77-0204

集落の路地を曲がるといきなり視界に飛び込む赤煉瓦の双塔。他の天主堂とは異なる「高さ」を意識した表情である。2本の塔屋は8角形で頭部にはキューポラ付きのドームが被せられ、塔の存在を主張している。向かって左側の塔の上部に鐘楼があるため、この部分だけ左右非対称になっている。使用された煉瓦は筑後川下流の迎島で数軒の工場が焼成したもの。石は浮羽山北から切り出したものを構造材に、長崎の西見から運んだものを彫刻に使用している。木材は高良山の杉、瓦は城島町から取り寄せたことが知られている。鉄川は自ら連れて来た職人と久留米の職人などを使ったが、地元信者たちの奉仕によるところも大きかったようである。ステンドグラスはフランス製。現在も当時のものが使われており、天井高のある清々しい堂内を美しく染めている。

1 天を貫く塔の教会
赤い双塔が周辺の平野から見える。今村を象徴するランドマークとして地元の人びとに愛されている建物。

2 広がりの感じられる堂内
三層構造が明解にわかる。最下段のアーケード、その上に円柱が5本ずつ並ぶトリフォリウム、そして円形のステンドグラスによる薔薇窓をはめたクリアストーリー。まさに完成形ともいえる鉄川の秀作。

3 4 繊細な演出
煉瓦と自然石をバランスよく使った各部のディテール。

85 Kuroshima Church

黒《くろ》島《しま》天《てん》主《しゅ》堂《どう》

（至聖なるイエズスの聖心）

■所在地―長崎県佐世保市黒島町3333
■竣　工―1902年（明治35年）
■設計者―マルマン神父
■黒島の集落として世界遺産「長崎と天草地方の潜伏キリシタン関連遺産」に登録されています。
■国指定重要文化財

キリシタンの島にロマネスクの色彩を添える美麗な天主堂

江戸時代に弾圧から逃れたキリシタンたちが移り住んだ黒島。その高台に胸を張るように建っているのが黒島天主堂である。煉瓦と黒御影石の外観、内部には独特な三層構造のロマネスク様式を採用している。束ね柱と呼ばれる繊細な列柱をかすめ、ステンドグラスから漏れ来る光が床を染める光景には信者ならずとも心を洗われる。

POINT

● のちの長崎の教会建築に影響を与えたという三層構造の建築。
● すべてがバランス良く設計され、どこから見ても豊かな表情が心地よい。
● 束ね柱と礎石、木製の説教台やシャンデリア、祭壇内陣の有田焼タイルなど細部にも見どころが多い。

2

1

天主堂建築の完成形と評される建物の前身は明治11年、ペルー神父来島によって建設された木造天主堂であった。その後フランス人マルマン神父が明治33年に煉瓦建築に着手、島内の赤土を用いて煉瓦を焼成した。約40万個に及ぶという煉瓦をすべて信者たちの手で積み上げた。イギリス積みである。正面にはフランス製の鐘をおさめる方形の鐘塔があり、周辺の畑地にいても荘厳な天主堂に見守られている感覚を覚える。建物の南西側から見ると祭壇後陣の煉瓦積みの壁が美しい半円形を描く。堂内は束ね柱の列柱が特徴的で、その上に奥行きのあるトリフォリウム、その上にクリアストーリーと呼ばれる上層窓が並ぶ。祭壇の有田焼タイル、木製シャンデリア、木製説教台、聖体拝領台を転用した楽楼の手摺りなどと合わせてこの天主堂には宗教美が異彩を放つ。

1 独特な美しさを持つ内部構造
束ね柱が支えるアーチの上に連続する円柱群。間に見える窪みはトリフォリウムと呼び、この天主堂の特徴。

2 天主堂裏から見る祭壇後陣
祭壇の後壁が半円形であることもこの教会の特徴とされる。

1059184261

■アクセス
・JR佐世保駅から相浦港までは車で約30分。松浦鉄道では相浦駅まで約30分、港まで徒歩5分。
・佐世保市相浦港より黒島港までフェリー（1日3往復）で約50分。黒島港より徒歩約20分。
■堂内撮影禁止。見学は可能だが施設の用途に配慮し、マナーを守る必要がある。

■問い合わせ
佐世保市教育委員会社会教育課　0956-24-1111

■現地史跡ガイド
黒島地区史跡保存会　0956-56-2765

86

Churches on Goto Islands
"Former Gorin Church"
"Dozaki Church"
"Former Nokubi Church"
"Kashiragashima Church"

五《ご》島《とう》列《れっ》島《とう》の天《てん》主《しゅ》堂《どう》群《ぐん》

野崎島の集落跡、頭ヶ島の集落、久賀島の集落、奈留島の江上集落（江上天主堂とその周辺）として世界遺産「長崎と天草地方の潜伏キリシタン関連遺産」に登録されています。

宝石のように散らばるかけがえのない心の遺産

島々に数え切れないほどの教会建築がちりばめられている。明治初期に晴れて禁制の解けたキリスト教。それまで隠れて信仰の灯をともし続けた五島の信者たちも、改めてやってきた宣教師たちの庇護のもとに礼拝の場を造りはじめた。それは貧しさの中にも心をこめた精神の産物であり、現在も私たちに豊かな感動を与えてくれる。

POINT

- ● さまざまな規模と仕様の天主堂群は見ているだけで嬉しくなる。
- ● キリスト教解禁とともに発現した信者たちのエネルギーを見る。
- ● 鉄川与助の故郷でもあり、天主堂の歴史的変遷と鉄川の関係を見る。

■所在地―旧五輪天主堂／長崎県五島市蕨町
堂崎天主堂／長崎県五島市奥浦町
旧野首天主堂／長崎県小値賀町野崎郷
頭ヶ島天主堂／長崎県新上五島町友住郷

■竣　工―旧五輪天主堂／1881年（明治14年）
堂崎天主堂・旧野首天主堂／1908年（明治41年）
頭ヶ島天主堂／1919年（大正8年）

■設計者―旧五輪天主堂／不詳
堂崎天主堂／不詳（施工とともに鉄川与助との説有り）
旧野首天主堂、頭ヶ島天主堂／鉄川与助

■旧五輪天主堂、頭ヶ島天主堂／国指定重要文化財
堂崎天主堂、旧野首天主堂／県指定文化財

■ **旧五輪天主堂**／久賀島東岸にある。車が入れないアプローチの難しい集落にひっそりと立つ宝物のような天主堂である。

初期にはまるで民家のような木造の天主堂。そして洋式の煉瓦建物が建てられるようになり、やがて石造の教会建築も現れる。五島には鉄川与助（1879〜1976）という天主堂建築の巨匠も誕生し、ますますキリスト教建築には磨きがかかった。それらの多くは現在も機能する。美しい海と緑の山々を背景に何げない集落景観と融合するつつましい天主堂の姿。島のはずれですでに使われなくなったものでさえ、輝きを失わない。国の重要文化財に指定された物件も多い。数ある五島列島の天主堂から、大小取り混ぜていくつかをご紹介したい。

旧五輪天主堂

もともとは同じ久賀島の浜脇天主堂であった。移築されたのは昭和初期と伝える。現存する最も古い時期の木造天主堂で外観は平屋の民家風。尖頭アーチの窓や多角形の祭壇後陣部、正面に掲げられた十字架などがあえて天主堂であることを主張する。内部は身廊と側廊が明確に分かれ、8角形の柱が連続する教会らしい構造である。

411153769

■アクセス

旧五輪天主堂／・福江より木口汽船のフェリーにて20分、久賀島田ノ浦港下船。県道167号を8km。現地で車などを確保する手配が必要。集落へは車が入らず最後に10分ほど山道を歩く。

・堂崎天主堂に近い奥浦から海上タクシーで直接アプローチするか、業者に相談して久賀島田ノ浦港より車を借りる。

堂崎天主堂／・福江より戸岐方面へ。自動車で約15分。／・福江より五島バス戸岐・観音平行きにて約20分。堂崎天主堂入口下車、徒歩約5分。

旧野首天主堂／・笛吹港より野崎まで朝夕計一往復の定期船「第3はまゆう」有り。無人島なので準備が必要。

頭ヶ島天主堂／・有川港より県道62号を上五島空港方面に8km。タクシーで約15分。／・上五島空港より徒歩で約15分。

■ 旧五輪天主堂や旧野首天主堂は現在封鎖状態。見学の場合は事前に役場に申し出て連絡先を調べ、地元の管理者にお願いする必要がある。

■ 堂崎天主堂、頭ヶ島天主堂は公開されているが現役の教会なのでマナーを守って見学したい。

■問い合わせ　旧五輪天主堂／五島市役所　0959-72-6111　堂崎天主堂／0959-73-0705
旧野首天主堂／小値賀町役場　0959-56-3111　頭ヶ島天主堂／有川観光情報センター　0959-42-3236

堂崎天主堂

正面に鐘楼が突出する構造が海に向かい、独特な美しさを醸し出す。中にはいると台座のない角柱が並び、細いリブが天井を支えている。内外ともにアーチ部は尖頭アーチで統一され、赤い煉瓦と相まってシャープな印象を見せる。比較的アプローチしやすい場所にあり、五島を代表する観光地でもある。

334625322 アクセスはP.215

■**堂崎天主堂**／海に面した煉瓦の天主堂。正面の鐘楼が独特な威厳を見せる。

頭ヶ島天主堂

着工から11年の歳月を費やした石造天主堂。正面には8角形ドームを戴く鐘楼が突出し、石造の建物に風格を与えている。内部は珍しい折り上げ天井とし、その持ち送り材や板材に可憐な花の装飾を施している。鉄川与助の天主堂建築のうち唯一の石造で労作である。

859652068 アクセスはP.215

■**頭ヶ島天主堂**／西日本で唯一の石造天主堂。がっちりした外観に対して花模様のかわいい装飾が印象的な堂内。

■**旧野首天主堂**／現在は無人島となった小島の斜面に立つ小さな天主堂。木造から移行したばかりの煉瓦建物が美しい。

旧野首天主堂

鉄川与助の手による最初の煉瓦造り天主堂。木造教会が煉瓦造に移行する時期のものでもあり貴重。正面の柱形頂部と妻壁頂部に西欧城砦風の飾りをつけ、さらに左右には植物の葉のような文様をかたどった飾りを付ける。内部は円柱の並ぶ三廊式の空間。

672345802 アクセスはP.215

87 Facilities Designed by Father Marc Marie de Rotz Rescue Institute, Sardine Net Factory, "Shitsu Church" "Ono Church"

ド・ロ神父《しんぷ》関連《かんれん》施設《しせつ》群《ぐん》

外海の出津集落、外海の大野集落として世界遺産「長崎と天草地方の潜伏キリシタン関連遺産」に登録されています。

1

■所在地―長崎県長崎市西出津町、他
■竣　工―旧出津救助院／1883年（明治16年）
旧出津鰯網工場／1885年（明治18年）
出津天主堂／1882年（明治15年）
大野天主堂／1893年（明治26年）
■設計者―マルコ・ド・ロ神父
■旧出津救助院（授産場、マカロニ工場、鰯網工場）／国指定重要文化財
出津天主堂、大野天主堂／県指定文化財
ド・ロ神父遺跡／県指定史跡

信仰と布教に生涯を捧げた神父の足跡

遠いフランスから開国まもない長崎へやって来た一人の宣教師。やがて彼は貧困に喘いでいた外海の人びとを救うべく活動を始める。天主堂の建設に始まり、救助院での食品・織物生産。イワシ網すきの工場設置。保育、土木工事、衛生・医療の普及、農業の改善など彼の残した足跡は大きい。献身の人生は結局、日本で幕を閉じる。

3

POINT

- ド・ロ神父が自ら設計し村民の救済にいそしんだ救助院の建物が残る。
- 建築に長けていたド・ロ神父は独自の建築技法を駆使。ド・ロ壁で知られる。
- 出津天主堂や大野天主堂を含め、一帯にはド・ロ神父の偉業が散在する。

2

フランスの裕福な家庭に育ったド・ロ神父は27歳の時（1867）にパリ外国宣教会に入会し、翌年長崎に渡来。石版印刷の普及も目的の一つであった。明治6年には大浦天主堂の司祭となるが同12年、外海地区に赴任。貧困の惨状に心を傷め、以来、地域の人びとの殖産興業、衛生観念の確立などに全精力を傾ける。出津天主堂を建造すると次に救助院を創り、マカロニ、パン、ソーメン、織物などの生産を指導した。マカロニは長崎の外国人居留地に販売し現金収入を得るためだったが、地元の人びとの口に合うソーメンも生産し名産となった。以降、イワシ網工場や保育園の設置、墓地や道路工事まで徹底した救済事業を展開している。明治43年に長崎に戻り、大司教館の建設に従事。鉄川与助と出会い、工事は順調に進んだがド・ロ神父は現場での不慮の事故がもとで体調を崩し、完成を見ずに74歳で逝去。28歳で来日してから一度も故郷の土を踏むことはなかった。ド・ロ神父の亡きがらは思い出深い出津の共同墓地に静かに眠っている。

1 2 マカロニ工場
煤（すす）にまみれた壁が歴史の重さを物語る。煉瓦造りの建物で妻壁に十字架がある。
3 遠望する出津の施設群
急斜面に救助院や天主堂が並び、全体が修道院のような印象である。現在、出津文化村とも称している。

ド・ロ神父記念館、救助院 262309731
出津天主堂 262339014

■アクセス
・長崎市街地より国道202号にて大瀬戸町方面へ。車で約1時間。
・JR長崎駅前より桜の里行きにて終点下車。瀬戸・板の浦行きに乗り換え、出津文化村バス停下車。約1時間20分。
■ド・ロ神父記念館（旧鰯網工場）
午前8時半～午後5時
年末年始休館
■大野天主堂は現在大規模な修復に入っており見学できない。
■問い合わせ
ド・ロ神父記念館 0959-25-1081

1 2 出津救助院（授産所）／木造寄棟造りの長い建物。作業場と居室兼礼拝場からなり、現在も当時の状況を良く残す。内部には当時の生産用具が残る。

3 鰯網工場／改修に際して床下から収納庫が現れた。改修を経ているが布基礎はド・ロ壁仕様である。

4 ド・ロ壁／ド・ロ神父の考案といわれ、地元の石と泥を使って塀を作っている。神父と信徒たちの懸命な姿が浮かぶ。

5

7

6

9

8

5 6 7 出津天主堂／明治24年と42年に増築を施す。低い外壁は煉瓦を漆喰で塗り固めたもの。内部は側楼の天井がフラットで、身楼部は弧を描いている。

8 9 マカロニ工場の外観

1

88 Kamino-shima Church

神《かみ》ノ島《しま》天《てん》主《しゅ》堂《どう》（聖《せい》フランシスコ・ザビエル）

■所在地―長崎県長崎市神ノ島町2・148
■竣　工―1897年（明治30年）
■設計者―デュラン神父

長崎の海の玄関を見守る教会

船が長崎に近づくと湾口の岬に白亜の天主堂が見える。昭和42年頃までは小さな島だった神ノ島。突端にそびえる神ノ島天主堂は絵になる教会だ。由来も見過ごせない。大浦で潜伏キリシタンが告白を行った数ヶ月後には神ノ島にも信者がいることがわかり宣教師が来訪、定着したのだ。やがてこの天主堂が献堂されることになる。

POINT

- 海辺の白い教会が長崎の海の玄関を飾っている。
- 大浦に次ぐ早期の信仰告白が天主堂建設の由来となっている。
- 束ね柱の構造が特徴的なすっきりした堂内。

外観が白いのは煉瓦建物に石灰とセメントを塗っているためである。もともとは漆喰塗りであった。その白い躯体が前面の海や背景の山に浮かび上がり、独特な美しさを醸し出す。慶応元年にキリシタンの存在が発覚するや、神ノ島にはブレル神父が巡回するようになり、明治13年からはラゲ神父が定住。木造の天主堂を建造した。そして明治25年に赴任したデュラン神父が現在の天主堂の原形を作ったのである。大正9年とその後2回の改修を経ている。建物の特徴は正面中央の塔屋とその上に設けた鐘楼である。頭頂には8角形から立ち上がるドームがあり、天主堂を象徴する意匠となっている。堂内に入ると白い束ね柱が目に入る。この天主堂は海に面し、周囲の自然とともに独特な信仰景観を創り出している。白い建物が映える海と山の環境を維持して欲しい。

443759733

■アクセス
・JR長崎駅より長崎バス神ノ島・教会下方面行きバスにて約30分。教会下下車すぐ。
・JR長崎駅前より旭大橋または稲佐橋を渡り国道202号を南下。鮑の浦交差点から県道236号にて神ノ島町へ。
■基本的に観光地ではないのでマナーを守って拝観したい。特にミサ開催時には注意を払いたい。

■問い合わせ
神ノ島天主堂　095-865-1028

1 海に面した天主堂／長崎港へ出入りする船は必ずここを通る海の玄関口。そこに鐘楼まで白く塗られた天主堂が立つ地中海のような風景である。
2 シンプルな堂内／白い束ね柱、シンプルなステンドグラス、がっちりしたリブ・ヴォールト天井が見える。
3 円形アーチによる構成／建物全体に使われているのは円形アーチである。ドームの形状とともにかわいらしいイメージを与えている。

89 Sueyama Shrine *Torii* Gate

陶《すえ》山《やま》神《じん》社《じゃ》鳥《とり》居《い》

（通称　とうざんじんじゃ）

■所在地―佐賀県有田町大樽2・1464
■竣　工―1888年（明治21年）
■製作者―岩尾久吉
角物細工人―金ヶ江長作
丸物細工人―峰熊一
扁額揮毫―中林吾竹
■登録有形文化財

磁器の町有田の心意気を伝える鳥居の秀作

陶郷有田には独特の空気が漂う。緑の山々と細長く連なる家並みがしっとりと時を紡いでいる。陶山神社は応神天皇とともに陶祖李参平と鍋島直茂を祀る焼物の神様。鳥居は大物製作のワザが頂点に達した明治期に建立され、同じころに狛犬や大甕も奉納されている。伝統の火を受け継ぐ人びとの心が緑深い境内に結集している。

POINT
- 緑に包まれた境内に磁器の肌が美しく浮かび上がる。
- 天然の呉須で描かれた繊細な唐草文が鳥居全体を覆い尽くす。
- 磁器の狛犬や大水甕が境内を飾り、有田らしい独特な神社風景を醸し出す。

秀吉の朝鮮出兵に由来する肥前の陶磁器製造は、出陣して陶工を連れ帰った藩主鍋島直茂と彼に庇護された朝鮮陶工の李参平によって確立される。その2人を祭神である応神天皇とともに祀ったのが陶山神社。創建は皿山代官の指示によるとの社伝もあって陶磁器とのゆかりは深い。鳥居は大物の磁器生産技術が大きく発展した明治中期に稗古場（銘記には日恵古場）町の陶工たちが製作・奉納したもので、高さ3・63m、幅3・6mを計る。境内には明治20年に赤絵町今右衛門が奉納した磁器狛犬や明治22年に井手金作が製作し、中ノ原が奉納した大水甕もあって磁器展示場さながらに参拝者を飽きさせない。本殿の磁器欄干が弘化年間の製作であるから、明治時代の陶工たちが大物製作の腕を振るって鳥居や狛犬を製作・奉納した気持ちをうかがい知ることができる。

104363274

■アクセス
・JR上有田駅から旧街道（県道281号）に出て有田駅方向へ。佐賀銀行の角から左折してJR線を渡ると境内。
■駐車場有り。歩いて参拝する場合は県道から遮断機の無い踏切を渡るので注意。

■問い合わせ
陶山神社　0955-42-3310
http://www.arita-toso.com/

1 境内の風情
同時期に奉納された狛犬も白く輝く。境内には大水甕もある。

2 境内に映える白い鳥居
肥前の磁器に独特な乳白色の地色に呉須の藍が淡く唐草を描く。周囲の緑に溶け込む美しい鳥居。

3 4 名を連ねる名工たち
鳥居には製作に携わった当時の名工たちが名を連ねる。破損しているものの陶山社の扁額も見事。

2

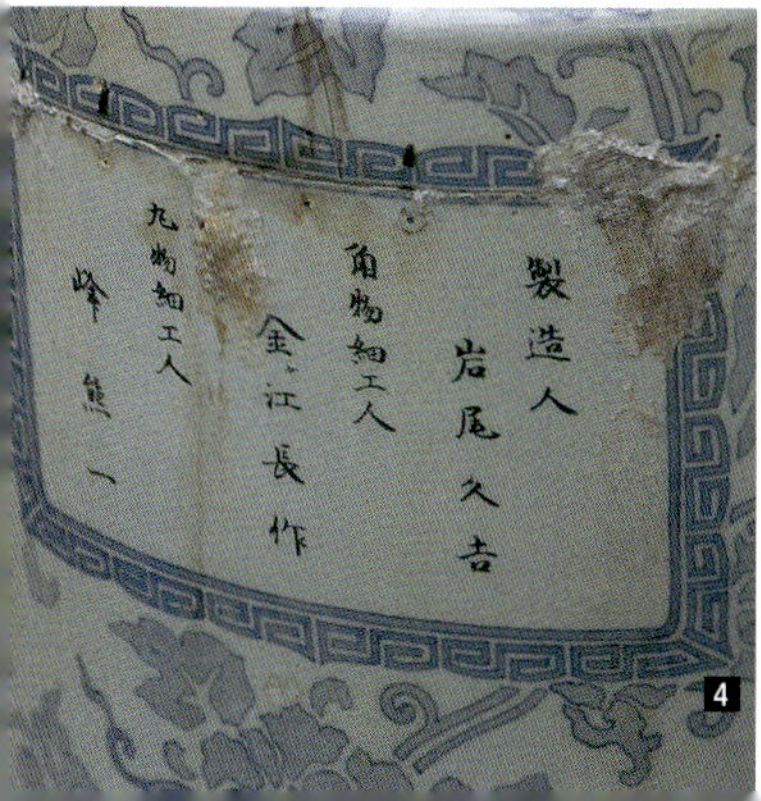

4

3

近現代遺産を歩く

3

Column 3 Architectural Structures

素晴らしい建物を楽しむために

美しき天主堂建築を読み解く

五島、平戸、長崎、天草など九州の西海岸を歩くとたくさんの天主堂に出会う。教会堂とも呼ばれるこうした建物は長崎のような大きな町にも交通不便な半島や島嶼部にもあって、西洋式の壮麗な建物が日本の風景と溶け合うことで独特な異国情緒を醸し出している。九州の西海岸には450年ほど前にキリスト教が伝来。以後、禁制の時代を経てふたたび信徒が姿を見せるのは幕末から明治にいたる頃であった。その間、実に300年にわたって信徒たちは目立たぬ土地に潜伏し、信仰を守り抜いていたことになる。したがって、1864(元治1)年の大浦天主堂竣工や明治6年のキリスト教解禁はこれらの信徒たちをおおいに奮い立たせた。宣教師たちの活躍で各地に礼拝所が設けられ、信徒はその数を増していく。その過程で天主堂が次々に建造されていったのだ。長い歴史の物語を秘めた九州の天主堂は実に多様で見応えがある。ここでは代表的な天主堂建築を例に、基本的な構造を見てみたい。

外観と素材

木造の天主堂は長い間造られ続けた。決して裕福とは言えなかった地方の信者たちが資金を出し合って建立した礼拝所は民家に祭壇を付加したような簡素なものであった。耐久性に乏しい木造天主堂は時代を経て改築され、あるいは解体されて残存するものは少ない。本書で紹介した86番五島列島の天主堂群のうち、旧五輪天主堂はその面影を良く残している。煉瓦造の天主堂は83番で紹介した大浦天主堂が早い時期に建造されてから長らく造られることはなかった。しかし出津天主堂以来、すぐれた天主堂が数多く姿を見せることになる。一部には石造天主堂もあった。しかしこれらは他の煉瓦建物と同様に、関東大震災の影響で一気に姿を消すことになる。そして台頭してきたのが鉄筋コンクリート造の天主堂であった。

天井

西九州の天主堂では多くの場合、リブ・ヴォールト(rib vault)天井が用いられている。アーチを主体に曲面を構成する独特な構造体で、輪郭を描くように「リブ(rib)」が入れられていることからリブ・ヴォールトと呼ぶ。日本ではこうもり天井とも呼ばれる。また、頭ヶ島教会のように折上げ天井を採用した例もある。

三廊式の平面構成

九州西岸域の天主堂は多くの場合三廊式という平面構成で建てられている。祭壇に向かって中央の広い礼拝空間を主廊(または身廊)と呼び、その左右に翼を広げるように造られた空間を側廊と呼ぶ。主廊と側廊の間には列柱が立ち並び、円柱の周囲を小円柱で取り囲んだ「束ね柱」を使用する例もある。

天主堂内部の構造解説図（例／85 黒島天主堂）

建築に見るトラスの話

「小屋組み」という言葉がある。これは建築物の屋根を支える構造のことで、多くの場合はトラス橋と同じように木材や鋼材を使った複雑なトラス構造が組まれている。最近の一般家庭や店舗空間などでは天井材が貼られ、なかなか見る機会はないが、近現代遺産をめぐる旅では時折、美しい小屋組みに出会うことがある。特に近代化を進める過程で造られた工場建築の場合、当時最先端の技術だった洋小屋組みのトラスが誇らしげに建物を支えている場合が多い。ここでは代表的な洋小屋組みの例として3つのトラス形式を紹介したい。

本書で紹介した28のＪＲ九州熊本機関車庫2号や29のＪＲ九州人吉機関車庫ではフィンクトラスを採用し、煉瓦や石積みの壁に軽い屋根材を載せるよう工夫している。また、31のＪＲ九州小倉工場には木製のクイーンポストトラスを採用した建物も見られる。さまざまな工場建物などに出会うとき、一瞬でも小屋組みを見上げて当時の技術者たちの美学に思いを馳せるのも楽しいものである。

洋小屋組み（トラス形式）

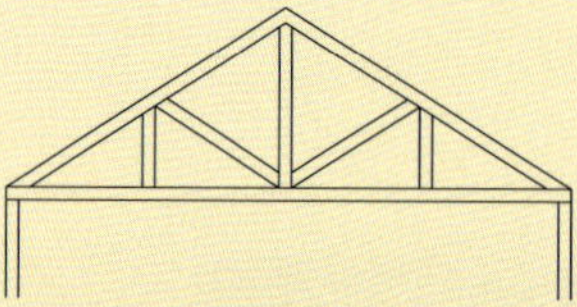

キングポストトラス
King-post truss

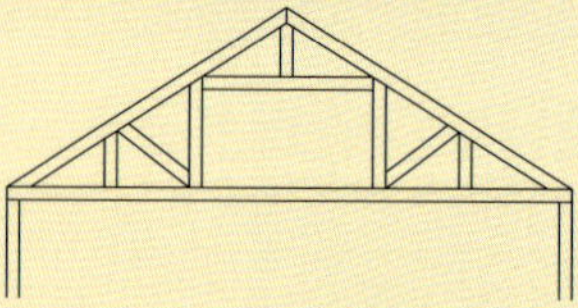

クイーンポストトラス
Queen-post truss

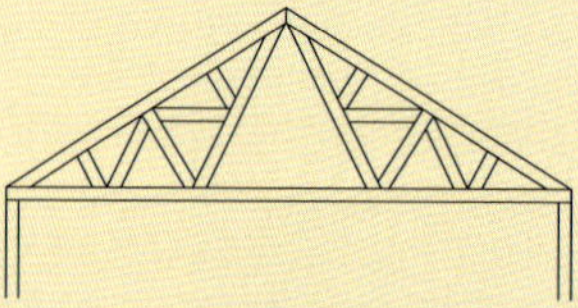

フィンクトラス
Fink truss

参考／日本建築学会　構造用教材

31 JR九州小倉工場（クイーンポストトラス）

商業遺産

ホテル・旅館・料亭・温泉館

銀行・金融機関

商館・会社・店舗・道路

90 Unzen Kanko Hotel

雲《うん》仙《ぜん》観《かん》光《こう》ホテル

■所在地─長崎県雲仙市小浜町雲仙320
■竣　工─1935年(昭和10年)
■設計者─竹中工務店　早良俊夫ほか
(竹中工務店が設計・施工した第一号のホテルである)
■登録有形文化財
■昭和29年には人気ラジオドラマ「君の名は」の舞台となった。

外国人をもてなした避暑地のクラシック・ホテル

アプローチから次第に見えてくる欧風の建物。木と石の巧みな組み合わせで高級感の滲む外観。屋内はさらに魅力に満ちている。木の素性を活かした職人たちの手斧の跡。国策で作られた当時最高のホテルは色褪せない。70年を経てますます旅人の心を捉える避暑地のホテルは、雲仙の大自然を背景に今日も思い出を紡いでいる。

POINT

●創業当時から変わらない独特な外観が雲仙の自然に映える。
●隅々まで心地よさが貫かれている。まさにグッド・デザインの極み。
●昭和36年に昭和天皇・皇后両陛下が宿泊された部屋もある。

昭和9年3月、日本初の国立公園3カ所が誕生。そのうち2つは雲仙と霧島である。当時は外国人観光客を誘致する気運が高まっており、国策として全国に15カ所のホテルが建設された。雲仙観光ホテルはそのうちの一つ。観光ホテルという名称を初めて使ったことでも知られる。外観はハーフティンバーと三角屋根が避暑地らしさを主張するスイス・シャレー式を取り入れながらも日本建築の特徴を残しており、華麗さと素朴さを兼ね備えた名建築と評される。屋内には良質な木が多用され、渋く落ち着いた雰囲気を醸し出す。階段部、貴賓室、ダイニング、バーと見どころは多い。創業時から使用される什器も神戸家具の永田良介商店、三代目善従の手による逸品。これほどのホテルが雲仙の大自然とともに健全に生きていることは九州にとって誇らしいことである。

1 スイス様式と日本建築の融合／ロッジを思わせる瀟洒な外観は竣工時とほとんど変わらない。
2 美しいダイニング／米松の床、柱に連続する誇張した梁が描くゲート状の意匠が上品で心地よい空間を産む。
3 バー／モザイク状の床貼りや背もたれの高い椅子。戦後4年ほど進駐軍の休暇ホテルとして接収された時期、ここに座った駐留軍人も多かったはずである。
4 ロビーホール／ゆったりとした空間と什器に外国人にも窮屈さを感じさせない配慮が窺える。

■アクセス
・長崎道諫早I.C.やJR諫早駅より国道57号経由雲仙温泉まで車で約1時間。
・JR諫早駅より長崎県営バス、島鉄バス雲仙方面行きにて約1時間20分。雲仙西入口下車、徒歩2分。
■天然温泉を備え昼間は日帰り温泉の設定もある。上手に活用したい。
■問い合わせ　雲仙観光ホテル 0957-73-3263

173556079

2

1

4

3

91 Kinparo Hotel

金《きん》波《ぱ》楼《ろう》

1

2

3

■所在地―熊本県八代市日奈久上西町336・3
■竣　工―1910年（明治43年）
■設計者―不詳
■国登録有形文化財

木造3階建ての温泉旅館が今も人びとを癒しつづける

木造三層構造のレトロな旅館である。土間のある帳場、洋風趣味を織り交ぜた廊下や階段まわり、旦那衆の騒ぐ声が聞こえてきそうな宴会場。昔ながらの温泉旅館が今、脚光を浴びている。古いだけではない。つぶさに観察するとモダンな仕掛けが潜んでいる。明治末期、旅館を作った人びとの遊び心に挑戦し、謎解きを楽しみたい。

POINT

- 創業時代から変わらぬ部分は素材が良く、デザインも秀逸。
- 温泉宿泊を楽しみつつ作り手が仕組んだこだわりを読み解くことができる。
- 時代は心を癒す旅を指向しており古きよき建物が非日常的な豊かさを提供する。

4

6

5

過去には当たり前だった木造多層建築も時代の変遷によって多くが姿を消している。法的な理由や維持管理の大変さが災いしているのだが、全国の有名温泉地にはこのスタイルの旅館が現在も頑張る。金波楼は日奈久温泉を代表する老舗旅館の一つ。創業以来数回の増改築を受けているがオリジナルの部分も多い。玄関まわりは見どころの一つ。蛇腹の付いた親柱が洋風な階段。廊下から階段まで磨き上げられた光沢に大方の宿泊客は感嘆するという。廊下は折れて浴室方向に続く。中庭をめぐる回廊の風情があって夏は涼しげだ。漆喰のゲートや美しい磁器タイルをあしらった洗面所も面白い。2階の広間はスケール感を重視し、障子や襖は一枚が一間の幅を持つ。建物の魅力を保ちつつ現代に使いこなすのは至難の業。時代の価値を読み取りながら永く使いこなして欲しい。

1 2 階段部／洋風の手摺りがモダンに見えた時代のもの。階段を上り下りするのは大変でもそれが楽しくなる不思議がある。

3 5 廊下／中庭との間に透かしの入った漆喰の欄間があり粋を演出する。

4 壮麗たる外観／塀に囲まれた木造建築にあたたかさを感じる。右側の1階には帳場と土間が残る。こうした現代には無い部分を上手に残し活かして欲しい。

6 広間／創業者の心意気を見せる大きなモジュール。欄間には松竹梅の本物の枝がはめ込まれる。ここでどれほどの宴が繰り返されたことだろう。

128039424

■アクセス

・南九州西回り自動車道日奈久I.C.より国道3号を北上、約800m。からくり灯籠より右折すぐ。

・九州新幹線新八代駅より肥薩おれんじ鉄道にて南下。日奈久温泉駅下車、南へ徒歩10分。

■日帰り利用や温泉だけの利用もできるのでゆっくり見学したい。専用駐車場有り。

■問い合わせ

金波楼　0965-38-0611

92 Takeo Spa Entrance Gate & New Bathhouse

武雄《たけお》温泉《おんせん》楼門《ろうもん》・新館《しんかん》

1

■所在地―佐賀県武雄市武雄町大字武雄7425
■竣工―1915年（大正4年）
■設計者―辰野金吾 葛西万司建築事務所
■施工―清水組
■ともに国指定重要文化財

近代建築の巨匠が粋に興じたと伝える温泉町の顔

楼門をくぐる時、俗世のケガレも日々の苦しみも忘れて老若男女が仲良く会話する。寺社がそうであるように門は心に作用する結界なのだ。まさにこの世の極楽へのエントランス。国家的な建築プロジェクトに奔走していた巨匠、辰野らが壮大な遊びに興じたのか。時を越えてなお、武雄の顔として人びとに愛され続ける建築である。

2

POINT

● 天平様式の門は竜宮城のイメージ。細部にこだわりがある。土産店の中もぜひ覗きたい。
● 新館建物も和洋さまざまな要素を取り入れている。大正期の心のゆとりを感じる。
● 近代建築の巨匠が建てた謎の建物とされる。じっくり眺めながらメッセージを読み解くのも楽しい。

本瓦葺き、入母屋造りの楼門はのどかな温泉場にあって圧倒的な存在感を見せる。高さ12・5mに達する重層構造の屋根は両端に鯱を配し、内部には支輪《しりん》折り上げ天井を採用。上層には腰組みによる高欄付きの回廊がめぐる。そして足元は漆喰で塗り固めた真っ白な大壁があたかも竜宮城のように人びとを迎え入れるのだ。下関の赤間宮に勝るとも劣らない立派な楼門。さらに進むと修復された新館がある。こちらも入母屋造りだが和洋折衷の建物。正面には唐破風と千鳥破風を使い分け、洋式の窓と禅宗様式の火打《かとう》窓を織り交ぜる。浴室には大理石や当時有田で生産され始めたばかりのタイルを贅沢に使い、8角形の浴場を主屋の裏に見る。とにかく面白い。和洋唐の混在。難しい建築用語など知らずとも入浴ついでに覗いて存分に楽しめる建物群である。

楼門 104407120
新館 104406179

■アクセス
・長崎道武雄北方I.C.より国道34号にて武雄温泉方面へ。武雄高前交差点右折、約300m。
・JR佐世保線武雄温泉駅よりJRバス嬉野温泉駅行きにて約1分。武雄温泉口下車。
■駐車場有り。温泉館は年末の大掃除を除いて年中無休。
■問い合わせ
武雄温泉株式会社
0954-23-2001

1 楼門
まるで竜宮城のような威容に圧倒されつつも温泉への期待が高まる。
2 楼門袖楼（そでろう）内の土産店
社殿建築に従い組み木を使った構造に感動する。反対側は中華料理店として使用。
3 新館建物
最近修復されたが、以前は破風の上に温泉マーク（俗称、逆さクラゲ）が付き、渋い漆色だった。内部には浴室や休憩室が配されている。

93 Yachiyoza Theater

八《や》千《ち》代《よ》座《ざ》

■所在地—熊本県山鹿市山鹿1499
■竣工—1911年（明治44年）
■設計者—木村亀太郎
■国指定重要文化財

坂東玉三郎からサリナ・ジョーンズまで、明治の小屋が人びとを包む

江戸時代の風情が残り、明治末期の浪漫が漂う芝居小屋がある。粋な山鹿の人びとが資金を出し合って建てたという。時は流れて小屋は廃れていたが運良く復活。その名に違わず八千代に続く名劇場となるのだろう。木戸をくぐると心温まる桟敷が待つ。明治の小屋と繰り広げられる芸を楽しめる幸せ。豊かな時間が山鹿に流れる。

POINT

● 優雅な客席空間。天井広告や真鍮のシャンデリア、赤い提灯列も圧巻。
● 床下に石積みの奈落があり、廻り舞台やスッポンの仕掛けを見る。
● 設計者の情熱や粋を感じる仕掛けがあちこちにあり解説もなされている。

幾多の芸能がここで花開いたという。地元の商工業者が30円の株を募って造り上げた劇場。大正期には全盛を極め、娯楽の王道だった舞台芸能も戦後になって急激に衰退。閉鎖の憂き目に合い、長い間朽ち果てるにまかせていたが、見かねた地元老人たちが瓦一枚運動を展開して復興に着手。市民の協力が広がってついに復活を果たす。平成2年に始まった坂東玉三郎舞踊公演がきっかけとなりその後はさまざまな芸能、地元の人びとの創作活動の舞台としても積極的に利用される。廻り舞台やスッポンなどの舞台設備は充実しており、桟敷席は舞台に向かって緩やかに傾斜する機能的な構造。漆塗りの高欄などが和の雰囲気を醸し出すが小屋組みは洋風トラスであり、柱の無い広大な観劇空間を創り出す。平成13年に大規模改修が完了。多くの人びとに愛される劇場である。

175338540

■アクセス
・九州道菊水I.C.より県道16号にて山鹿中心街へ。中央通り交差点を直進して国道325号に入り、2つ目の信号を左折。
・JR熊本駅から九州産交バス山鹿温泉行きにて約1時間20分、温泉プラザ前下車徒歩5分。
■公演日以外は見学可能（有料）。午前9時～午後6時（入館は5時半まで）休館は毎月第2水曜日と12月29日～1月1日。公演日は問い合わせを。
■駐車場有り。公演時は混雑するので注意。
■問い合わせ　八千代座　0968-44-4004
http://www.yachiyoza.com

1 温かみのある観客席／当時のままに復元された天井広告。古さより斬新さデザインの良さが際立ち、空間を彩る。
2 奈落とスッポン／舞台上に役者を担ぎ上げる仕組みが観察できる。
3 廻り舞台のレール／人力で動かす廻り舞台は直径8.5m。スムーズに回転させるためにレールを使用。ドイツ・クルップ社の1910年の刻印を見る。
※KRUPP.1910.K.6.E　クルップ社はドイツエッセンを本拠に1811年設立。鉄道レールや車輌、大砲なども製造する企業で再編を経て現在も存在。

1

94 Former Nippon Life Insurance Company Kyushu Branch

旧《きゅう》日《に》本《ほん》生《せい》命《めい》株《かぶ》式《しき》会《がい》社《しゃ》九《きゅう》州《しゅう》支《し》店《てん》（福《ふく》岡《おか》市《し》文《ぶん》学《がく》館《かん》・赤《あか》煉《れん》瓦《が》文《ぶん》化《か》館《かん》）

■所在地―福岡県福岡市中央区天神1・15・30
■竣　工―1909年（明治42年）
■設計者―辰野金吾、片岡安
■国指定重要文化財

天神・博多、街の変遷を100年見つめたレンガ建物

那珂川にかかる西中島橋のたもとで中洲・天神の発展を見てきた建物がある。まもなく100歳を迎えんとする煉瓦のビルディングは、日本の近代建築に金字塔を打ち立てた辰野金吾円熟期の設計。ジョサイア・コンドルとの出会いに始まった王道の建築人生。東京駅の設計に奔走しながらこの建物を仕上げる勢いが辰野にはあった。

那珂川を望む角地を活かす装飾的な外観は辰野らしいデザインにあふれている。8角形の塔屋状に区切られた角の部分。その塔頂にはキューポラをのせたドームを置き、さらに円形の突き出し窓で飾る。壁面はあたかもいくつ

3

2

もの建物が身を寄せ合っているように区画され変化に富んでいる。煉瓦積みの壁面には幾条ものコーニス（蛇腹）が廻り、その赤と白のコントラストが特徴となっている。これだけの装飾を施し、複雑なプランを採用しながら全体としてはまとまって見える。幾多の建物を手がけ日本銀行本店で自信を得た辰野のなせる技である。しかしこの頃の辰野には波乱も待ち受けていた。念願だった議会（国会議事堂）建築に参画すべくコンペ案を主張したものの多数派に破れ、結局彼がその図面に線を引くことはなかった。巨匠にも叶わぬ夢はあったのである。

POINT

- 辰野式と呼ばれる独特な様式融合を随所に見る。
- 昼見ても夜見ても華麗な建築は現在も中洲の顔となっている。
- 意外にシンプルで居心地の良い内部が復元・公開されている。

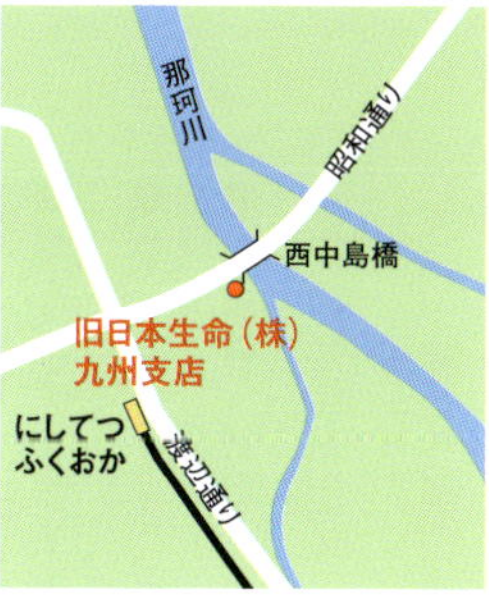

13318705

■**アクセス**　西鉄福岡（天神）駅より渡辺通りを北へ。昭和通りを右折して約400mの西中島橋たもとにある。
■福岡市文学館として公開中。無料。午前9時〜午後9時
休館毎週月曜（休日の場合は翌日）12月28日〜1月4日
■専用の駐車場はない。付近に有料駐車場多数有り。
■**問い合わせ**　福岡市文学館（赤煉瓦文化館）　092-722-4666

1 辰野式の面目躍如／博多・福岡をつなぐ要衝に位置し、100年近く経ってもこれだけの存在感を示す。
2 屋根部の装飾／緑青が吹いてますます煉瓦に合う屋根。複雑な装飾だがキュートさも感じさせる。
3 吹き抜け部／内部も明治期の重厚な意匠に復元されている。

95 Former 23rd Bank Head Office

旧《きゅう》二《に》十《じゅう》三《さん》銀《ぎん》行《こう》本《ほん》店《てん》（大《おお》分《いた》銀《ぎん》行《こう》赤《あか》レンガ館《かん》）

■所在地—大分県大分市府内町2・2・1
■竣　工—1913年（大正2年）
■設計者—辰野金吾、片岡安、佐伯與之吉
■登録有形文化財

豊の国の県都にそびえる重厚なレンガ館

赤レンガの銀行は町のシンボルである。都市景観をつくり、人びとの心にさまざまな思いを刻む建物。大分を拓く明治の銀行に辰野金吾は何を託したのだろう。戦災で焼かれても銀行本店が移転してもこの建物は息を吹き返してきた。大分の人びとの瞼に焼き付いて離れない大切なもの。古い建物には歴史に培われた力が宿っている。

年齢を重ねてなお地元の人びとに愛され、使いこなされる建物は幸福である。株式会社二十三銀行の本店として大正2年に竣工した。赤煉瓦タイル壁に花崗岩を絶妙に配し、建物角部の屋根には銅板を葺いたドームの塔屋を設ける「辰野式」らしい意匠。現代建築が軒を連ね、広告、電飾、自動車とあらゆる色・形が氾濫する県都大分にあって少しも埋もれることがない。まさにスタンダードな洋館建築の持つ魔法のパワーである。実際、この建物は戦災で一部外壁を残してほぼ全焼した。幸いなことに大分出身の佐伯與之吉が辰野・片岡建築事務所の建築士としてこの建物を担当していたことから彼が創業した株式会社佐伯建設が元の姿に復元することができたのである。現在も大分銀行の関連オフィスと市民のためのギャラリー、ホールとしておおいに利用されている。

POINT

- 辰野式らしい赤レンガと花崗岩のハーモニーがある。
- 窓やドーマー窓（傾斜屋根から突き出た明かり取りの窓）の意匠も面白い。
- 近代建築を現代に活かしてきた人びとの工夫が遺産活用の参考になる。

1 都市のランドマーク／大分市の目抜き通りに鎮座する威厳ある建物。町のお洒落度を上げている点は見逃せない。
2～5 辰野式の壁面と屋根／赤煉瓦に花崗岩の蛇腹。丸い窓の意匠が堅すぎない表情を創り出す。

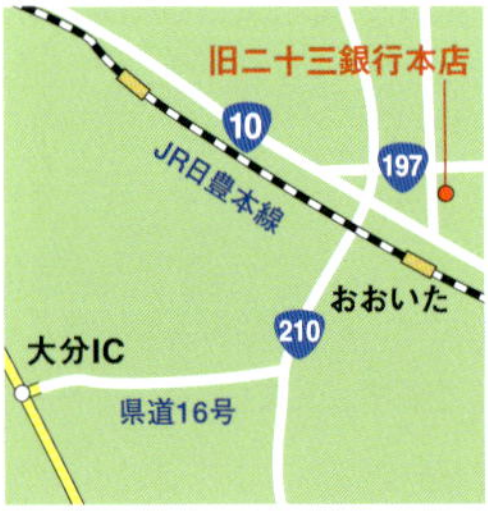

46268036

■アクセス
・JR大分駅より北へ徒歩6分。
・大分道大分I.C.より県道21号、国道210号経由国道10号へ。JR大分駅前より左折すぐ。車で約10分。
■中庭はオープンスペース「赤レンガスクエア」として開放されている。
■周辺に有料駐車場多数有り。
■問い合わせ　ホール等の使用についてのみ
府内産業株式会社　097-535-1494

1

3

2

5

4

商業｜銀行

96 Former Karatsu Bank Head Office

旧《きゅう》唐《から》津《つ》銀《ぎん》行《こう》本《ほん》店《てん》

■所在地―佐賀県唐津市本町1513
■竣　工―1912年（明治45年）
■設計者―田中実（辰野金吾に師事　清水建設技師）
■市指定重要文化財、県指定保存建築物

鬼才辰野金吾のエッセンスを故郷に飾る美麗建築

辰野金吾は日本の近代建築史に君臨する巨匠である。赤レンガの東京駅や日本銀行本店の設計者として知られる。唐津出身の金吾の影響を受け、辰野式のデザインを採用した小規模ながら壮麗な建物は、町を華やかに彩るアクセント。煉瓦と石の演出、装飾を多用した窓まわり、木と石で贅を尽くした重厚なインテリアもじっくりと楽しみたい。

POINT

- 辰野式と呼ばれる建築の特徴、煉瓦と白石のハーモニーが美しい。
- 創建当時の姿を外観、内部ともに良く残す。
- 木の階段や建具、大理石の暖炉、漆喰の天井飾りなど、インテリアも秀逸。

2

建物は赤煉瓦で作られているが、一部に白い石を配してアクセントを付けている。これが東京駅などにも見られる「辰野式」建築の特徴の一つ。正面から見ると目につくのは2階まで達する3連の大アーチ。額縁で彩るように窓まわりを飾る。屋上部には塔屋があり、凝った意匠の緑青葺き屋根がかわいらしい。玄関の左右をエンタシス（ふくらみのある円柱）で飾り、頭の部分にはヴォリュート（渦巻き飾り）が施される。内部には銀行の誇り高き時代を示すように艶やかな木の腰板や手摺りが採用されていて、見る者を豊かな気持ちにさせてくれる。恩師辰野の故郷に建てる地元銀行の本店建築。設計者の田中が20代であったことを思うと、その緊張感と意気込みが伝わってくるようだ。観光協会の事務所として甦った唐津の顔をいつまでも町の方にかわいがって欲しい。

1 大理石のマントルピース
各部屋や階段室には上質な木や石がふんだんに使用される。大理石のマントルピースが美しい。

2 凝った意匠の尖塔
玄関側の角には塔屋が備えられ、建物を引き締めている。部品の剥落もあるが、緑青色が煉瓦と合う。

182401414

■**アクセス**　JR唐津駅より徒歩7分。（唐津駅内の観光案内所で道順を教えてくれる）
■建物は唐津観光協会として利用されている。見学可。2階には辰野金吾に関する展示有り。
■**問い合わせ**
唐津観光協会　0955-74-3355

97 Former Mitsubishi & Company Karatsu Branch Head Office

旧《きゅう》三《みつ》菱《びし》合《ごう》資《し》会《がい》社《しゃ》 唐《から》津《つ》支《し》店《てん》本《ほん》館《かん》

■所在地―佐賀県唐津市海岸通7181
■竣　工―1908年（明治41年）
■設計者―三菱丸の内建築事務所
■県指定重要文化財

石炭で得た旧財閥の栄華を伝える入母屋づくりの洋館

佐賀県の近代化には石炭が関わっている。県内各地に散らばる炭鉱の多くはやがて旧財閥系の三菱合資会社に経営を委ねることになった。唐津港は石炭の積み出し港として発展。この建物を見ると地域の産業を牛耳る大企業の威厳を見る思いがする。オカ側に威圧感ある壁、海に面した北側にベランダを設けたのもそのためだろうか。

一見不思議な建物に見えるのは入母屋造りの屋根のためである。なんとも和風なイメージの大屋根に尖塔のような塔屋根が付き、風見鶏をのせる。正面に設けられた3面破風屋根のポーチをたくさんの人びとがくぐったに違いない。内部も廊下、階段ともにデザインに凝る。外壁が下見板張りで漆喰の部分をハーフティンバー風に仕上げていることから瀟洒な洋館のイメージが強く、海側に設けたベランダも心地よさを演出する。石炭産業の衰退にともなって建物の役割は変わり、昭和9年から軍施設に。戦後は唐津海上保安庁として昭和47年まで海を守り、同54年から市の歴史民俗資料館として利用されてきたがここに来て閉館となっている。海辺の意味ある施設。より良い活用法を唐津市民の手で模索し、未来に伝えて欲しい。

POINT

- 港に面した威厳ある建物で、佐賀県では珍しい明治の木造洋館。
- 入母屋の大屋根が珍しく、2層のベランダが廻るのも特徴的。
- 佐賀県の石炭産業と深く関わる歴史的意味を持つ。

1 正面の威容
旧財閥系の威厳に満ちた形状と装飾。シンプルな3角形で構成された中央部が特徴。

2 海側から見た建物
1階、2階ともに海の見えるベランダを持つ。このような空間に着目することで建物活用のアイデアも広がる。

■**アクセス** JR唐津駅前直進、突き当たりを左折して国道204号に入り、妙見埠頭入口で右折すぐ。
■現在は唐津市歴史民俗資料館だが諸般の事情により休館中。
■**問い合わせ**
唐津市教育委員会文化課　0955-72-9171

182489111

1

2

98 Higashi-yamate & Minami-yamate Residential Areas (Foreign Settlement & Stone Paving)

東《ひがし》山《やま》手《て》住《じゅう》宅《たく》群《ぐん》、南《みなみ》山《やま》手《て》住《じゅう》宅《たく》群《ぐん》（外《がい》国《こく》人《じん》居《きょ》留《りゅう》地《ち》および石畳《いしだたみ》）

1

■所在地―長崎県長崎市東山手、南山手
■竣　工―1858年（安政5年以降）
■旧グラバー住宅／世界遺産「明治日本の産業革命遺産」
■東山手、南山手／重要伝統的建造物群保存地区
■東山手十二番館、旧グラバー住宅主屋・付属屋、旧リンガー住宅、旧オルト住宅主屋・付属屋・倉庫／国指定重要文化財
■東山手洋風住宅群（7棟）／市指定文化財
■オランダ坂周辺の石畳・石溝、マリア園横の坂（どんどん坂）とマリア園前の石畳／Aランク近代土木遺産

異国情緒あふれる坂の町に今も人びとが暮らす

安政5年（1858）の開国で最も早く開港を迎えた長崎。同時に外国人を受け入れる居留地が設定された。東山手と南山手である。外国人たちは借地料が安くて港を見おろせる山手の土地に住宅を建てた。以後現在に至るまで、この地は日本でもっとも古い西洋式の住宅群が残るエリアとして訪れる人びとに感動を与え続けている。

2

どんどん坂

旧居留地にあるこの坂は切石を斜めに布目敷きした道路である。120m近い距離を一気にかけ下る直線の坂で、幅は道路だけで1・7mを計る。路側には石製の溝があり、上流からU字型、三角、矩形と形を変え、流速を変化させる工夫が見られる。坂の両側には洋風住宅が残り旧居留地の風情を良く残している。

南山手住宅群

（250頁にも写真掲載）

南山手には現在も20棟近い洋風住宅が現存する。このうちグラバー園内に保存公開されている旧グラバー住宅、旧リンガー住宅、旧オルト住宅などは最も早い段階の住宅。この頃の住宅は規模が大きく、形態や様式、素材もバラエティーにあふれ、見るものを飽きさせない。平屋で大きな建築物を建て、敷地規模も大きい。これ以降の住宅群は2階建てが多くなり、専有面積も狭くなって様式が画一化する。

1 2 南山手居留地とどんどん坂
坂の左右は居留地で洋風住宅も多く残る。有名観光地から少し足を伸ばせばまだまだ静かな洋風住宅群が存在する。

3〜7 旧グラバー住宅
グラバー住宅は南山手を代表する初期の住宅。その美しさはやはり秀逸。数々の歴史的出来事の舞台でもある。

3

1

2

5

4

オランダ坂

東山手住宅群から市街地へ降りる坂道は通称オランダ坂と呼ばれる。外国人居留地と彼らの経済活動の場があった海浜部を結ぶ坂道。異国の人びとが往来する坂道はいつしかこう呼ばれたのであろう。今は日本中に名を轟かす観光地でもある。

東山手住宅群

東山手に残る洋風住宅の代表格は7棟住宅群である。明治27年から30年の間に整備されたと伝える建物群は集合住宅と考えられており、居留地の人口過密がうかがえる。プロシア領事館として建築された東山手十二番館はさらに時代が古く明治4年頃の建造。現在は私学資料館として公開されている。

POINT

- 長崎の歴史的特徴といえる開国時代の町並みを今に受け継ぐ。
- 住宅に時代的な特徴が表れており比較するのも面白い。
- 一定のエリアに有名、無名な建物群や石畳道路が集中して散策に最適。

〈南山手〉 **1 旧リンガー住宅**
2 南山手町並み保存センター
3 旧オルト住宅
4 どんどん坂
5 旧ウォーカー住宅
〈東山手〉 **6 8 東山手の7棟住宅**
居留地が混雑した時代の住宅群。賃貸住宅か社宅だったと考えられている。
7 オランダ坂

■アクセス

どんどん坂
JR長崎駅より長崎電気軌道路面電車正覚寺行きにて築町電停乗り換え、石橋行きで大浦天主堂下電停下車。グラバー園下を過ぎ徒歩15分。

南山手住宅群
JR長崎駅より長崎電気軌道路面電車正覚寺行きにて築町電停乗り換え、石橋行きで大浦天主堂下電停下車。グラバー園まで徒歩5分。

オランダ坂
JR長崎駅より長崎電気軌道路面電車正覚寺行きにて築町電停乗り換え、石橋行きで市民病院前電停下車。

東山手住宅群
JR長崎駅より長崎電気軌道路面電車正覚寺行きにて築町電停乗り換え、石橋行きで終点下車。

※長崎市内は駐車場事情の悪い場所が多い。見学に際しては公共交通機関を使いたい。これらの場所へのアクセスに総合的に便利なのは松が枝町付近の大型駐車場群。

東山手住宅群
■旧居留地私学歴史資料館（東山手十二番館）
午前9時～午後5時　休館日：月曜（休日の場合翌日）12月29日～1月3日　無料
095-827-2422
■東山手地区町並み保存センター
午前9時～午後5時　休館日：月曜、休日の翌日、12月29日～1月3日　入館無料
095-820-0069
■長崎市古写真資料館・埋蔵資料館
午前9時～午後5時　休館日：月曜、12月29日～1月3日　有料　095-820-3386

南山手住宅群
■グラバー園
午前8時より開館。閉園時間は季節により変わる（午後6時～9時半）有料
095-822-8223

99 Old Moji Mitsui Club

旧《きゅう》門《も》司《じ》三《みつ》井《い》倶《く》楽《ら》部《ぶ》

■所在地—福岡県北九州市門司区港町7・1
■竣　工—1921年（大正10年）
■設計者—松田昌平
■国指定重要文化財
■移転等に配慮して旧門司三井倶楽部としたが「三井倶楽部」として現役で公開・営業中

アインシュタインも投宿した中世英国風の西洋館

門司港駅のヨーロッパ風の駅舎を出るとすぐに視界に飛び込む豪快な切妻屋根。16世紀イギリスの建築様式を採用した豪華な洋館は門司港の空と海をバックに迫力を見せつける。門司港を舞台に活躍した内外の実業家、貿易商、政治家などさまざまな人びとが集った倶楽部。現代に甦ってシックな壁色で港の風景を飾っている。

POINT

● 大きな切り妻屋根を縦横に配した木造2階建ての洋館。
● ハーフティンバーを強調し個性を持つ英国チューダ様式。
● 大正11年に来日したアインシュタイン夫妻が宿泊。

切り妻屋根の連続が不思議な迫力を見せる。木製の梁や柱材を露出させ、その間を壁で埋める「ハーフティンバー」と呼ばれる手法が特に強調される建物である。どことなく古めかしい表情はこの様式が16世紀に英国で流行したチューダ様式を採用していることに起因するのかも知れない。明治末から大正にかけて門司港周辺は穀物の輸出入や石炭の積み出しなど、大陸との貿易増加を背景に活況に湧く。たくさんの洋風建築が立ち並び、物と人の往来が新しい文化をもたらしていた。倶楽部の建物はそんな時代に誕生している。大正10年、三井物産門司支店が社交倶楽部として建造。当初は門司区谷にあった。昭和24年からは国鉄会館として利用されたがその後北九州市の所有となり、門司港レトロ地区を構成する建物として移築復元。多くの人が訪れている。

16715084

1 特徴ある外観／大きな切り妻屋根は正面に妻側を向け、誇らしげにハーフティンバーを見せる。シャープな三角形が潔い。
2 洋風インテリア／内部にはマントルピースなどが備えられ、倶楽部らしい心地よさを見ることができる。

■アクセス
・JR門司港駅下車正面。
・九州道門司I.C.より県道25号にて門司港レトロ方面へ、約7分。
■隣接して有料駐車場有り。
■開館午前9時～午後5時　休館は年末年始。レストラン、割烹などが夜間まで営業。
■問い合わせ 三井倶楽部　093-332-1000

1

2

1

100 Mitsui Minato Club

三《みつ》井《い》港《みなと》倶《く》楽《ら》部《ぶ》

■所在地—福岡県大牟田市西港町2・13
■竣　工—1908年（明治41年）
■設計者—清水組　清水満之助
■市指定文化財

炭鉱の栄華に贅を尽くした港町の迎賓館

石炭の積み出しで栄えた三池港からすぐのところに瀟洒な洋館が建つ。その風情はまさに賓客を歓迎する優雅さに満ちている。どこかもの寂しいのは閉山によって衰退した炭鉱と運命をともにしたためであろう。かつての栄華を今に伝える美しい建物は今、主を失った哀しい表情で三池の地を見つめつつ炭田の盛衰を物語っている。

2

3

4

POINT

● 梁、柱などの骨組みを露出させ、間を漆喰などで埋めたハーフティンバー様式の壁が特徴。
● 美しい庭園と屋内を結ぶ、居心地のよいバルコニーが建物を引き立てる。
● 様式の異なるマントルピースを各室に備えた優雅な屋内空間。

1 3 4 豪華なインテリア
天井を回り縁が飾り、マントルピースが優雅さを醸し出す。心豊かな時代の空間で子どもたちに歴史を語り、感動を伝えられないものか。

2 港倶楽部外観
2階建てだが竣工当時は屋根裏部屋も使われていた。

平成16年のクリスマス。寂しいニュースが飛び込んできた。三池炭鉱の閉山以来、レストランや催事場として活用されてきた三井港倶楽部が閉鎖されたのである。かつての財閥家が経営した鉱山会社も時代の変化には逆らえず、過去の遺産ともいえる倶楽部施設は運営が困難になった。だが、この建物は貴重である。竣工当時は石炭積み込みのために入港した船員達の慰安施設として開業。しかし三井三池関連のゲストハウス的に使われることが多かったようだ。庭園に囲まれ、バルコニーを介して緑の屋外と繋がる優雅な空間。食堂、談話室、球戯室、応接室を備え、2階は宿泊の機能を持つ。各室にマントルピースを備える豪華な洋館は炭鉱で栄えた三池の生き証人である。地域一丸となって保存活用に智恵を尽くし未来に受け継ぐべき偉大な遺産であることは言うまでもない。

69336708

■アクセス
・JR荒尾駅より西鉄バス久福木団地行きにて10分、三川町一丁目下車、徒歩3分。
・JR大牟田駅より西鉄バス荒尾営業所行きにて10分、三川町一丁目下車、徒歩3分。
■現在、閉鎖中。

商業｜店舗群

101 Tunnel Yokocho “Tunnel Street” Market

トンネル横《よこ》丁《ちょう》

■所在地―長崎県佐世保市戸尾町

■形　成―大正時代以降

■**トンネル店舗**／現在も食肉、野菜、揚げ物などさまざまな専門店が軒を並べる。

庶民パワーが軒を連ねる佐世保の台所

おまけである。ここまで100の近代遺産をご紹介してきた。それぞれ産業や交通、教育文化などに貢献してきた素晴らしい遺産である。そろそろお腹もすいてきた。市場を探してみよう。佐世保重工業のページでも紹介したようにこの町は明治期から軍事的要衝だった。防空壕も多い。人びとはそれを市場にしてしまったのである。

戸尾市場。そもそも一帯の市場は湊町に集まっていた生鮮食料品の露天商に端を発する。明治末期に山県町や京町周辺が繁華街として賑わいを見せ始めると魚や野菜を持ち寄って露天を開いていた湊町の露天商人たちは買い物客を求めて現在の戸尾市場一帯に移動。九州鉄道の佐世保駅が明治31年開業だから、人の流れにも変化が生じたものと思われる。さらに商港が湊町から万津町に移ることでますます戸尾は便利な場所となり、佐世保市民の台所として定着したのである。昭和に入って佐世保線の延伸や松浦線の開通を迎えると沿線の人とモノが集まり、西海市場、戸尾市場、三角市場、トンネル横丁などの組合が集中する大市場を形成した。中でも小高い丘の斜面に掘られたトンネルを店舗とするトンネル横丁は佐世保の名物的風景となっている。

POINT

- 狭い空間を上手に活かした商店。鑿(のみ)痕がくっきり残る壁面もある。
- 一見しただけでは普通の市場街に見える。
- 郊外の大規模店舗におされ気味の商業。しかし頑張っている。

■**アクセス** JR佐世保駅より国道35号を北上。徒歩5分、右手側市場の斜面部。
■**営業** 午前8時～午後7時頃 毎月第1～第3日曜は休み
■**問い合わせ** 佐世保観光情報センター 0956-22-6630

307582726

辰野式建築の特徴

マンサード(フランス)屋根にドーマー窓を突出させる

赤煉瓦に白い花崗岩で装飾を施す

近現代遺産を歩く

4

Column 4 Buildings Designed by Kingo Tatsuno

誇り高きビルディングたち

辰野金吾の建築をめぐる旅

本書では九州出身の偉大な建築家2名を紹介している。一人は五島に生まれ、生涯を天主堂建築に捧げた鉄川与助。もう一人は唐津出身で近代建築の世界に「辰野式」と呼ばれる独特な様式を確立した辰野金吾である。辰野の生涯は建築に捧げられたと言っても過言ではない。九州にも辰野の建築は姿をとどめており、時間をかけて観察するとさまざまな発見が楽しめる。ところで、「辰野式」と呼ばれる建築はどのような特徴を持つのか。ここでは辰野建築の魅力を探ってみよう。「辰野式」とはあくまでも通称であり、資料を探してもなかなか統一的な定義は見いだせない。ある時は「赤煉瓦の壁を白い花崗岩で飾ったような建物」と解釈され、またある時は「煉瓦壁の建物の頂

辰野式建築の特徴

建物の隅にも円錐形の尖塔を設けて
個性を演出する

頂点にランタン型のキューポラを載せた
8角形のドーム

部をドームや尖塔で賑やかに飾った建物」とも解釈される。マンサード屋根と呼ばれる特殊な腰折れ屋根を使うのも辰野式の特徴とする説もある。全体に共通しているのは本書94の旧日本生命株式会社九州支店（現、福岡市文学館・赤煉瓦文化館）に見られるような赤煉瓦と白い自然石による壁面と、装飾的なドーム、塔、急傾斜屋根の構成である。こうした建物を辰野は数多く生みだしているが、その起源は彼の修業時代にあるようだ。辰野は工部大学校造家学科を首席で卒業し、その報賞としてロンドン大学に留学。同時に建築事務所で実務を学ぶ。当時英国ではクイーン・アン様式と呼ばれる建築様式が流行していた。辰野は少なからずその影響を受けたのである。煉瓦を使った近代的な洋館建築に古典的な装飾を施す「遊び」の要素をちりばめた建物。近代化を象徴する洋風趣味のその風情に当時の日本人は驚き、唸ったに違いない。日本銀行本店や東京駅など、国家的なプロジェクトを次々にこなしてゆく辰野の一貫した姿勢にはもちろん批判の声もあった。しかし日本における建築の近代化には辰野の足跡が深く刻まれているのである。

煉瓦の組積み法

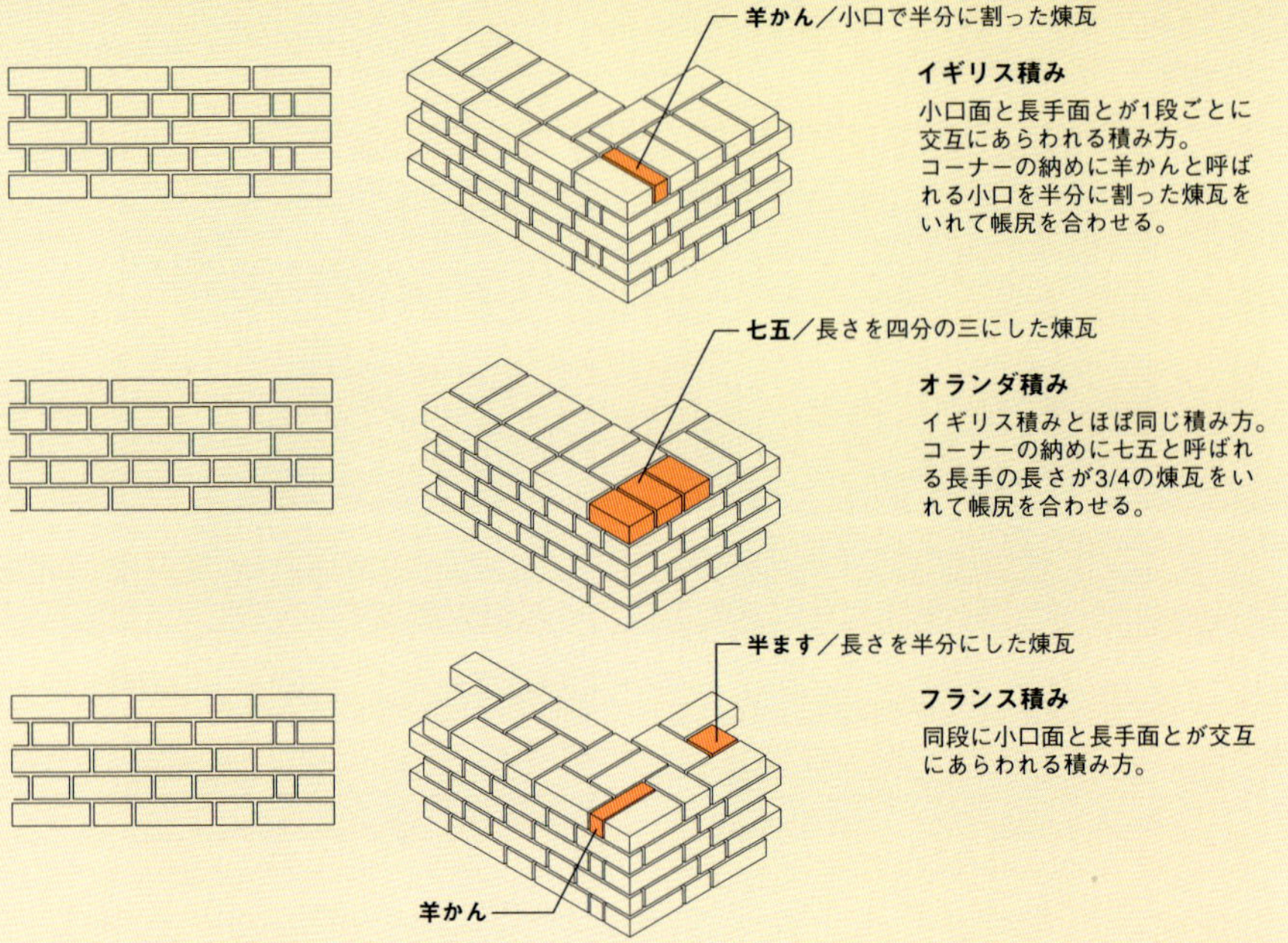
羊かん／小口で半分に割った煉瓦
イギリス積み
小口面と長手面とが1段ごとに交互にあらわれる積み方。コーナーの納めに羊かんと呼ばれる小口を半分に割った煉瓦をいれて帳尻を合わせる。
七五／長さを四分の三にした煉瓦
オランダ積み
イギリス積みとほぼ同じ積み方。コーナーの納めに七五と呼ばれる長手の長さが3/4の煉瓦をいれて帳尻を合わせる。
半ます／長さを半分にした煉瓦
フランス積み
同段に小口面と長手面とが交互にあらわれる積み方。
羊かん

煉瓦建築を楽しむなら、煉瓦の積み方に注目するのも面白い。よく知られる組積みの方法を簡単に図解する。
図中に「フランス積み」とあるが、正確にはフランドル地方の積み方を示すと言われている。

参考／日本建築学会 構造用教材

煉瓦建物を観察する

本書で紹介した60小菅修船場は最古の煉瓦建造物であるとされている。ここで使用されているのは「こんにゃく煉瓦」と呼ばれる現在の規格よりもはるかに薄い煉瓦で、長崎製鉄所（企画時は長崎熔鉄所と称された。現在の長崎造船所）の建造に際して用意された煉瓦焼成窯で焼かれた煉瓦である。本書55で紹介した薩摩藩の工業コンビナート「集成館」に設置された反射炉も耐火煉瓦で造られていた。その後、工場に、天主堂に、駅舎に、銀行に、倉庫に、とにかく煉瓦は多用された。残念ながら日本は地震大国。関東大震災の甚大な被害を経験してからは煉瓦建物に替わって鉄筋コンクリートが台頭するが、鮮やかな赤と美しい目地で構成された煉瓦建物の優美な姿は今も人びとの心を打つのである。

イギリス積みの例／84 今村天主堂

資料

九州の近現代遺産 NEXT151

■産業遺産			
治水利水建造物・発電所			
1	本河内高部ダム・低部ダム	長崎県	長崎市
2	塚原ダム	宮崎県	諸塚村
3	曲淵（渕）ダム	福岡県	福岡市
4	旧八景水谷貯水池ポンプ場	熊本県	熊本市
5	滝之神水源地	鹿児島県	鹿児島市
6	山の田浄水場	長崎県	佐世保市
7	黒北発電所	宮崎県	宮崎市
8	旭化成馬見原発電所	熊本県	山都町
9	チッソ発電所群（白川・頭地）	熊本県	大津町・五木村
10	千々石発電所群	長崎県	雲仙市
11	町田第二発電所	大分県	九重町
農業施設・用水路等			
12	大搦・授産社搦堤防	佐賀県	佐賀市
13	明丑開堤防	熊本県	玉名市
交通運輸建造物			
14	栴檀橋	佐賀県	佐賀市
15	堀川橋（乙姫橋）	宮崎県	日南市
16	雄亀滝橋（おけだきばし）	熊本県	美里町
17	二俣五橋	熊本県	美里町
18	鳥居橋	大分県	宇佐市
19	緒方周辺の石橋群（長瀬橋・原尻橋・鳴滝橋）	大分県	豊後大野市
20	佐井川橋	福岡県	吉富町
21	山国橋	福岡県・大分県	吉富町・中津市
22	名島橋	福岡県	福岡市
23	美々津橋	宮崎県	日向市
24	黒橋	福岡県	大牟田市
25	嬉野橋	佐賀県	嬉野市
26	西日本鉄道名島川橋梁	福岡県	福岡市
27	旧九州鉄道城山三連橋梁	福岡県	筑紫野市
28	JR九州けやき坂橋梁	福岡県	香春町
29	JR九州遠賀川橋梁	福岡県	中間市
30	八幡製鐵所炭滓線枝光橋梁	福岡県	北九州市
31	高千穂鉄道第三五ヶ瀬川橋梁	宮崎県	日之影町
32	高千穂鉄道綱ノ瀬川橋梁	宮崎県	日之影町・延岡市
33	西日本鉄道折尾駅横煉瓦橋梁ねじりまんぽ	福岡県	北九州市
34	平成筑豊鉄道石坂トンネル	福岡県	赤村・みやこ町
35	八幡製鐵所炭滓線宮田山トンネル	福岡県	北九州市
36	白州灯台	福岡県	北九州市
37	伊王島灯台・伊王島灯台吏員退息所	長崎県	長崎市
38	伏瀬灯標	長崎県	西海市

4 旧八景水谷貯水池ポンプ場

14 栴檀橋

15 堀川橋（乙姫橋）

17 二俣五橋

31 高千穂鉄道 第三五ヶ瀬川橋梁

39	美々津港灯台	宮崎県	日向市
40	鞍埼灯台	宮崎県	日南市
41	屋久島灯台	鹿児島県	屋久島町
42	寺島灯台	熊本県	宇城市
43	姫島灯台・姫島灯台吏員退息所	大分県	姫島村
44	蝙蝠滝舟路	大分県	豊後大野市
45	鹿児島港第一防波堤	鹿児島県	鹿児島市
46	JR九州上熊本駅駅舎	熊本県	熊本市
47	JR九州折尾駅駅舎	福岡県	北九州市
48	JR九州大村駅駅舎	長崎県	大村市
49	JR九州鳥栖駅駅舎・ホーム	佐賀県	鳥栖市
50	JR九州厳木駅駅舎・給水塔	佐賀県	唐津市
鉄道車輌・船舶			
51	D51型蒸気機関車	熊本県	人吉市
52	C55型蒸気機関車	鹿児島県	湧水町
53	九州鉄道記念館保存車輌群	福岡県	北九州市
54	西日本鉄道路面電車	長崎県	壱岐市
55	旧三菱鯰田炭鉱電気機関車	福岡県	直方市
56	貝島炭鉱アメリカンロコモーティブアルコ22/23号蒸気機関車	福岡県	宮若市・小竹町
57	貝島炭鉱コッペル32号蒸気機関車	福岡県	直方市
鉱山・炭坑施設			
58	三池炭鉱有明坑	福岡県	みやま市
59	三菱方城炭鉱	福岡県	福智町
60	飯塚炭鉱施設群（三菱飯塚炭鉱巻上機台座）	福岡県	飯塚市
61	住友忠隈炭鉱ボタ山	福岡県	飯塚市
62	尾平鉱山	大分県	豊後大野市
63	古賀山炭鉱	佐賀県	多久市
64	松島炭鉱	長崎県	西海市
65	池島炭鉱	長崎県	西海市
66	飛島炭鉱	長崎県	松浦市
67	杵島炭鉱	佐賀県	唐津市
68	木浦鉱山千人間部・集落	大分県	佐伯市
69	日鉱金属佐賀関製錬所大煙突	大分県	大分市
70	三井串木野鉱山	鹿児島県	いちき串木野市
71	山ヶ野金山	鹿児島県	霧島市
工場・関連施設			
72	川南造船所	佐賀県	伊万里市
73	応法・猪子谷（おうぼう・ちょこだに）単室石炭窯	佐賀県	有田町
74	炭屋の製鉄炉跡	鹿児島県	南大隅町
75	旧安田製釘所（安田工業株式会社八幡工場）	福岡県	北九州市
76	戸上電気製作所	佐賀県	佐賀市
77	下八重谷の線香製造水車（2カ所）	福岡県	八女市

39 美々津港灯台

45 鹿児島港第一防波堤

52 C55型蒸気機関車

69 日鉱金属佐賀関製錬所大煙突

72 川南造船所

■軍事遺産

基地施設

78	旧海軍鹿屋航空隊施設群（第1～4ビル・掩体壕・待避壕・格納庫）	鹿児島県	鹿屋市
79	旧海軍工廠港第壱號廰舎（米海軍佐世保基地司令部）	長崎県	佐世保市
80	旧海軍佐世保基地建物群（平瀬・立神・前畑・向後崎等に現存）	長崎県	佐世保市
81	川棚海軍工廠施設群	長崎県	川棚町
82	佐伯海軍航空隊施設群	大分県	佐伯市

要塞・砲台

83	関崎砲台	大分県	大分市
84	大島海峡要塞群（弾薬庫・砲台・監視所・指揮所・震洋格納壕等）	鹿児島県	奄美大島～加計呂麻島

記念碑・遺跡・遺物

85	日本海軍発祥の地記念碑	宮崎県	日向市
86	平和の塔	宮崎県	宮崎市

■公共遺産

省庁施設・役所・役場・公会堂・展示館・図書館

87	旧長崎税関口之津支署（口之津町歴史民俗資料館）	長崎県	南島原市
88	旧長崎英国領事館（野口彌太郎記念美術館）	長崎県	長崎市
89	旧海軍佐世保鎮守府凱旋記念館（佐世保市民文化ホール）	長崎県	佐世保市
90	鹿児島市庁舎本館	鹿児島県	鹿児島市
91	旧緒方村役場	大分県	豊後大野市
92	旧福岡県公会堂貴賓館	福岡県	福岡市
93	旧鹿児島県立図書館（鹿児島県立博物館）	鹿児島県	鹿児島市
94	北里文庫	熊本県	小国町
95	財団法人鍋島報效会徴古館	佐賀県	佐賀市
96	旧門司政府米穀倉庫	福岡県	北九州市
97	旧別府郵便電話局電話分室（レンガホール）	大分県	別府市
98	旧別府市公会堂（別府市中央公民館）	大分県	別府市

学校・関連施設・研究所

99	九州大学関連施設群	福岡県	福岡市
100	旧京都帝国大学阿蘇火山研究所本館	熊本県	南阿蘇村
101	旧九州女学院高等学校本館（ルーテル学院高等学校）	熊本県	熊本市
102	九州学院高等学校ブラウン記念講堂（講堂兼礼拝堂）	熊本県	熊本市
103	ジェーンズ邸	熊本県	熊本市
104	旧熊本回春病院研究所（リデル・ライト両女史記念館）	熊本県	熊本市
105	八代市立植柳小学校旧講堂	熊本県	八代市
106	鹿児島県立甲南高等学校	鹿児島県	鹿児島市
107	鹿児島県立鹿児島中央高等学校	鹿児島県	鹿児島市
108	島原の学校建築群（県立島原高等学校・市立第一小学校・第三小学校ほか）	長崎県	島原市
109	学校法人純心女子学園聖心幼稚園	長崎県	佐世保市
110	京都大学大学院理学研究科附属地球熱学研究施設	大分県	別府市
111	佐賀大学外国人教師公舎	佐賀県	佐賀市
112	佐賀県立鹿島高等学校講堂	佐賀県	鹿島市

宗教建築

113	田平天主堂	長崎県	平戸市

85 日本海軍発祥の地記念碑

91 旧緒方村役場

95 財団法人鍋島報效会徴古館

98 旧別府市公会堂

109 聖心幼稚園

114	紐差天主堂	長崎県	平戸市
115	神崎天主堂	長崎県	佐世保市
116	三浦町天主堂	長崎県	佐世保市
117	黒崎天主堂	長崎県	長崎市
118	旧出島神学校(出島史料館本館)	長崎県	長崎市
119	崎津天主堂	熊本県	天草市
120	大江天主堂	熊本県	天草市
121	日本福音ルーテル小城教会	佐賀県	小城市
122	呼子カトリック天主堂	佐賀県	唐津市
123	天如塔	長崎県	島原市
124	西福寺六角堂・楼門	佐賀県	武雄市
■商業遺産			
ホテル・旅館・料亭・温泉館・劇場			
125	御花	福岡県	柳川市
126	竹瓦温泉	大分県	別府市
127	駅前高等温泉	大分県	別府市
128	公衆浴場古湯温泉	佐賀県	嬉野市
129	新温泉	熊本県	人吉市
130	嘉穂劇場	福岡県	飯塚市
銀行・金融機関			
131	鹿児島銀行別館	鹿児島県	鹿児島市
132	旧安田銀行山鹿支店(山鹿灯籠民芸館)	熊本県	山鹿市
133	旧第一銀行熊本支店(ピーエス株式会社熊本センター)	熊本県	熊本市
134	旧香港上海銀行長崎支店	長崎県	長崎市
135	旧百三十銀行八幡支店	福岡県	北九州市
136	旧大分県農工銀行(みずほ銀行大分支店)	大分県	大分市
137	旧大分合同銀行(黎明館)	大分県	日田市
商館・会社・邸宅・店舗・医院			
138	旧島津家関連施設(吉野殖林所・芹ヶ野金山鉱業事業所)	鹿児島県	鹿児島市
139	旧古河砿業若松支店	福岡県	北九州市
140	旧大阪商船門司支店	福岡県	北九州市
141	杉村金物本店	宮崎県	日南市
142	長崎次郎書店	熊本県	熊本市
143	東郷医院	鹿児島県	志布志市
144	旧小林理髪舘(青い理髪舘)	長崎県	島原市
145	野口病院	大分県	別府市
146	旧日野病院	大分県	由布市
147	有田異人館	佐賀県	有田町
148	深川製磁関連施設	佐賀県	有田町
149	旧田中丸商店煉瓦倉庫(牛津赤れんが館)	佐賀県	小城市
遊興施設・保養施設			
150	雲仙ゴルフ場	長崎県	雲仙市
151	ラクテンチ・ケーブルカー軌道敷	大分県	別府市

117 黒崎天主堂

120 大江天主堂

126 竹瓦温泉

138 旧島津家関連施設

140 旧大阪商船門司支店

協力者一覧

取材、掲載を快くお許しいただいた各遺産の所有者、管理者の皆様に心から感謝している。件数が多いため、特にご案内や資料の提供、ご指導を賜った方々のみを記して謝意を表したい。本書刊行には他にも多くの皆様からお力添えを賜った。

青柳俊彦（九州旅客鉄道株式会社鹿児島支社）
石原 進（九州旅客鉄道株式会社）
石橋和幸（八千代座）
石村一枝（株式会社石村萬盛堂）
井上泰人（大牟田市石炭産業科学館）
入佐純一（新日本製鐵株式會社八幡製鐵所）
岡本浩嗣（唐津市地域振興課）
香月弘二（九州旅客鉄道株式会社小倉工場）
川本 大（長崎電気軌道株式会社）
神崎邦子（九州市民大学理事）
國本信夫（熊本県地域振興部文化企画課）
小吉利寛（九州旅客鉄道株式会社熊本支社）
塩屋利博（九州旅客鉄道株式会社鹿児島総合車両所）
鈴木忠義（社団法人道路緑化保全協会）
明松つぐみ（社会福祉法人聖嬰会）
田中耕一郎（佐世保重工業株式会社佐世保造船所）
富永謙二（佐世保重工業株式会社佐世保造船所）
名嘉真実（旭化成株式会社）
二宮安信（九州電力株式会社日向電力所）
橋田紘一（九州電力株式会社）
畑瀬一樹（九州電力株式会社工務部水力グループ）
前田 豪（株式会社リージョナルプランニング）
前田尚紀（九州旅客鉄道株式会社熊本運輸センター）
松尾千歳（株式会社島津興業）
松田 司（九州旅客鉄道株式会社小倉工場）
松本信市（雲仙観光ホテル）
牟田 修（三菱重工業株式會社長崎造船所）
森 誠一（朝地町土地改良区）
（敬称略・50音順）

朝地町土地改良区
旭化成株式会社
荒尾市教育委員会社会教育課
雲仙観光ホテル
大牟田市教育委員会生涯学習課
小値賀町教育委員会
学校法人活水学院
株式会社島津興業
九州電力株式会社
九州旅客鉄道株式会社
九州旅客鉄道株式会社小倉工場
熊本県教育庁文化課
五島市教育委員会
佐世保重工業株式会社佐世保造船所
財団法人筑後川昇開橋観光財団
新日本製鐵株式會社八幡製鐵所
鯛生金山
長崎県地域振興部観光課
長崎電気軌道株式会社
西日本鉄道株式会社
福岡財務支局長崎財務事務所
三井化学株式会社三池事業所
三菱重工業株式會社長崎造船所
八千代座
八代平野北部土地改良区
山鹿市教育委員会

参照資料・参考文献一覧

石井一郎 『日本の土木遺産 日本文化の象徴・近代化遺産を訪ねて』 森北出版 1996
伊東孝 『日本の近代化遺産』 岩波書店 2000
伊東孝、馬場俊介、松山巌、西山芳一ほか 『水辺の土木』 INAX出版 2003
伊東ていじ監修・解説、佐藤辰三撮影 『日本の建築』 読売新聞社 1968
遠藤純 『ローカル鉄道の風景 西日本編』 ユーリード出版 2003
大分県教育庁文化課編 『大分県の近代化遺産』 大分県教育委員会 1994
大牟田市役所主査・主任会編 『大牟田の宝もの100選』 海鳥社 2002
岡本憲之 『全国鉱山鉄道 鉄道の原点ヤマ軌道をもとめて』 JTB 2001
押田努 『あるある佐賀の底力 上巻・歴史編』 佐賀新聞社 1999
鹿児島県教育委員会編 『鹿児島県の近代化遺産』 鹿児島県教育委員会 2004
ガボル・メドベド著、成瀬輝男監修・訳 『世界の橋物語』 山海堂 1999
唐津市教育委員会編 『唐津市の文化財』 唐津市教育委員会 1997
桐敷真次郎 『明治の建築』 本の友社 2001
熊本県教育委員会編 『熊本県の近代化遺産』 熊本県教育委員会 1999
芸文堂編、佐世保市秘書課広報係監修 『させぼ歴史散歩』 芸文堂 1994
小松津代志著、対馬・歴史顕彰事業推進委員会編 『対馬のこころ』 対馬・歴史顕彰事業推進委員会 2003
財団法人 日本ナショナルトラスト監修 『日本近代化遺産を歩く 産業・土木・建築・機械、近代を語る証人たち』 JTB 2001
佐賀県教育委員会編 『佐賀県の近代化遺産』 佐賀県教育委員会 2002
佐世保重砲兵聯隊史刊行会編 『佐世保重砲兵聯隊史』 佐世保重砲兵聯隊史刊行会 1989
産業考古学会、内田星美、金子六郎、黒岩俊郎編 『日本の産業遺産300選 1』 同文舘出版 1993
産業考古学会、内田星美、金子六郎、前田清志編 『日本の産業遺産300選 2』 同文舘出版 1994

産業考古学会、内田星美、金子六郎、大槻貞一編 『日本の産業遺産300選 3』 同文舘出版 1994
十菱駿武、菊池実編 『しらべる戦争遺跡の事典』 柏書房 2002
十菱駿武、菊池実編 『続 しらべる戦争遺跡の事典』 柏書房 2003
白川淳 『全国保存鉄道II』JTB 1994
白川淳 『全国保存鉄道IV 西日本編 追憶の鉄路を走った車両たち』 JTB 1998
杉崎行恭 『駅舎再発見 時代の姿をとどめる駅舎を訪ねて』 JTB 2000
杉田肇 『電気機関車ガイドブック』 誠文堂新光社 1969
杉田肇 『私鉄電気機関車ガイドブック 西日本編』 誠文堂新光社 1977
鈴木博之、増田彰久、小澤英明、オフィスビル総合研究所 『都市の記憶』 白揚社 2002
妹尾高裕 『洋館を訪ねる』 青春出版社 2003
戦争遺跡保存全国ネットワーク編 『戦争遺跡から学ぶ』 岩波書店 2003
高井潔著、西田雅嗣校閲 『日本の名景 洋館』 光村推古書院 2001
田原幸夫 『建築の保存デザイン 豊かに使い続けるための理念と実践』 学芸出版社 2003
東京国立文化財研究所監修 『産業遺産 未来につなぐ人類の技』 大河出版 1999
土木学会西部支部編 『九州土木紀行』 九州大学出版会 1989
土木学会土木史研究委員会編 『日本の近代土木遺産 現存する重要な土木構造物2000選』 土木学会 2001
富田昭次 『ノスタルジック・ホテル物語』 平凡社 2000
長崎県教育委員会編 『長崎県の近代化遺産』 長崎県教育委員会 1998
日本建築学会編 『新版 日本近代建築総覧』 技報堂出版 1980
日本建築学会編 『空間演出 世界の建築・都市デザイン』 井上書院 2000
日本産業遺産研究会、文化庁歴史的建造物調査研究会編著 『建物の見方・しらべ方 近代産業遺産』 ぎょうせい 1998
日本鉄道保存協会編 『SL復活物語』 JTB 2003
パチェコ・ディエゴ 『長崎の天主堂』 西日本文化協会 1976
原口隆行編著 『古写真で見る 明治の鉄道』 世界文化社 2001
兵頭二十八、小松直之 『日本の高塔』 四谷ラウンド 1999
平野暉雄 『日本の名景 橋』 光村推古書院 2000
広岡祐 『たてもの野外博物館探見 明治村から江戸東京たてもの園まで全国35館』 JTB 2000
広岡祐 『建物博物館』 ワールドフォトプレス 2003
福岡県教育委員会編 『福岡県の近代化遺産』 西日本文化協会 1993
藤森照信 『日本の近代建築(上)幕末・明治篇』 岩波書店 1993
藤森照信文、増田彰久写真 『建築探偵東奔西走』 朝日新聞社 1988
藤森照信文、増田彰久写真 『建築探偵雨天決行』 朝日新聞社 1989
藤森照信文、増田彰久写真 『建築探偵神出鬼没』 朝日新聞社 1990
藤森照信文、増田彰久写真 『建築探偵の謎』 王国社 1997
藤森照信監修、駒見宗信編、森下茂行撮影 『宮崎の建築と街並み』 KTC中央出版 2003
文化庁歴史的建造物調査研究会編著 『建物の見方・しらべ方 近代土木遺産の保存と活用』 ぎょうせい 1998
星川武編 『図説 電気機関車全史』 学習研究社 2004
マガジントップほか編著 『風土が生んだ建物たち 庶民が築いた知恵のかたちを探る』 山海堂 1999
増田彰久編著 『写真集成 日本の近代化遺産 1 関東編』 日本図書センター 2000
増田彰久編著 『写真集成 日本の近代化遺産 3 西日本編』 日本図書センター 2000
増田彰久 『近代化遺産を歩く』 中央公論新社 2001
増田彰久写真、清水慶一文 『ニッポン近代化遺産の旅』 朝日新聞社 2002
松浦茂樹 『明治の国土開発史 近代土木技術の礎』 鹿島出版会 1992
松葉一清、宮本雅明、片野博、大森久司、土田充義ほか 『近代建築ガイドブック 西日本編』 鹿島出版会 1984
松村博 『日本百名橋』 鹿島出版会 1998
松本剛 『鉄道文化財めぐり』 保育社 1994
馬渕浩一 『日本の近代技術はこうして生まれた 産業遺産をヒントに考える』 玉川大学出版部 1999
三沢博昭、川上秀人 『大いなる遺産 長崎の教会』 智書房 2000
南正時 『失われた鉄道100選II』 淡交社 1997
宮脇俊三編著 『鉄道廃線跡を歩くIII 今も残る消えた鉄路の痕跡60』 JTB 1997
村松貞次郎 『日本近代建築の歴史』 日本放送出版協会 1977
八木谷涼子編 『日本の教会をたずねて』 平凡社 2002
八木谷涼子編 『日本の教会をたずねて II』 平凡社 2004
安島太佳由 『日本の戦跡を見る』 岩波書店 2003
安田就視、岩谷徹 『消えゆく鉄道車両図鑑』 彩流社 2000
山口廣、日大山口研究室文、宮本和義写真 『近代建築再見 下巻』 エクスナレッジ 2002
山口由美 『ホテルクラシック』 商店建築社 2000
山崎俊雄、前田清志編 『日本の産業遺産 産業考古学研究』 玉川大学出版部 1986
横浜市都市計画局都市デザイン室編 『都市の記憶 横浜の土木遺産』 横浜市・明治の土木展横浜市実行委員会 1988
吉川文夫 『譲渡車両今昔 ところを変えて生き続ける車両人生』 JTB 2003
吉川文夫 『路面電車の技術と歩み』 グランプリ出版 2003
読売新聞文化部文、玉木雄介撮影 『近代化遺産 ろまん紀行 西日本編』 中央公論新社 2003
※以上の他に各県史、各市町村史を参照させていただきました。

九州遺産へのいざない

近現代遺産という宝物

近現代遺産をめぐる旅は心がはずむ。人との出会いに似て胸ふくらむ期待感。遺産たちは優しい老人のような表情をしている。だがそこには若者のような情熱や誇りも満ちあふれていて、現代に生きる私たちが失いかけた大切なものを思いおこさせてくれる。背景に素晴らしい人間の生きざまがあるからこそ美しくもあり迫力もある物言わぬ近現代遺産の世界。その魅力を多くの方に紹介し、可能ならば未来に受け継ぎ、これからの社会に活かしてほしい。それが本書刊行の目的である。

ある講演会で

平成16年6月24日。福岡市で開かれた講演会の席上で産業観光の可能性を探る事例が発表されていた。主催したのは鹿児島市の株式会社島津興業。日本の近代化に先鞭を付けた旧薩摩藩島津家に由来する企業が、自らのアイデンティティーを「ヘリテージ」と称して説明。島津公保社長は「近代化遺産」が新しい旅のキーワードになりつつあることを強調し、九州こそが産業観光の可能性を秘めていると熱く語った。「今、私たちにできることはないだろうか。」この日、聴衆の中にいた幾人かの思いが重なり、プロジェクトは始動することになった。

遺産への思い

「そこに暮らす人びとにとって住み心地が良く、誇らしく思える地域であること。それが良い観光地の条件だ。」意見は集約されていった。「だからこそ他の地域にはない特徴あるもの、本物の輝きを放つ地域独自のものを発掘する必要がある。」折しも旅行者の指向は団体旅行から個人旅行へと移行し、知的好奇心や自分だけの町歩きなどを楽しむ人びとが増えている。「九州にはまだまだ良いものがありますよ。」賛同する人びとが名乗りを上げた。地元の人びとに遺産の価値を再認識してもらい、地域の魅力づくりに活用してもらう。訪れる人びとには九州に残された価値あるもの、意味深いものに出会い、感動を体験してほしい。プロジェクトに関わった人びとは皆、そんな思いを共有している。

1925.7.1

1926.9.10

1 河内堰堤の工事風景
北九州の製鉄工業が発達するにつれ用水の確保が課題となる。高いレベルの設計が功を奏し、いまだに現役。工事中、殉職者も出さなかった。
2 南河内橋の工事風景
世界的にも珍しいレンティキュラー・トラスをあえて採用するチャレンジ精神に脱帽させられる。

（写真／新日本製鐵株式會社八幡製鐵所提供）

幸せな日々――あとがきにかえて

遺産との出会い

衝撃的な出会いが多かった。深山の渓谷や絶壁の突端に隠れた遺産を見るにつけ、使命を帯びてそこに築いた人びとの苦労を思う。時に壮大で、時にはとてもキュートな遺産たち。そんな出会いは半年で200カ所を越えた。天候や逆光、潮の干満と闘いながら、ひたすら九州を駆け回る日々。

何がこれほど心を惹き付けるのか。つぶさに観察すると、現代の構造物からは感じ取れない熱を帯びている。新しい技術に果敢に挑戦する情熱。素材をしっかりと選び、職人たちが腕を競い合った末に生まれた威厳と誇り。海外からの技術導入でもたらされた美的感性と融合する日本古来の伝統美。こうした「あたりまえのこと」が積み重なって、遺産と呼ばれるにふさわしい風格を身に纏っている。時には暗い陰を背負う遺産もある。悲しい戦争や強制労働の歴史。それらを包み込み、未来へのメッセージを発する「時の証人」がそこにいる。地域の人びとに愛され親しまれる幸せな遺産も少なくない。いずれも心を揺さぶる力に満ちている。

価値あるものを活かす未来へ

本書は文化財の報告書ではない。掲載した遺産を活かすも壊すも所有者や地域の人びとの選択次第。だが、遺産をめぐる旅で得た感想は「もったいない」の一言に尽きる。コストや工期、手間の省略を主眼に置く効率重視の現代技術と比較するとはるかに人びとの心に作用する近現代の遺産。機能と美しさを両立させ、景観や環境に見事に融合している。生き残った遺産たちにはそれなりの力がある。これを地域づくりの核に据えることも、現代の建築や土木に取り込むこともできる。維持・管理は確かにたいへんな課題。だが、公共性の高い遺産のこと、マイカーを大切にする感覚で地域の宝物を皆で「手入れする」ことの重要さを次の世代に身をもって伝えたい。子どもたちや地域の人びとが力を合わせて「掃除をする」「ペンキを塗る」機会を楽しむ時代が訪れていると思う。ともあれ、まずは出会ってほしい。九州にはこんなに素晴らしい遺産たちが待っているのだから。

助けてくれた人びとへ

本書の発刊に際し、限られた時間と予算の中で献身的にご協力いただいたスタッフ、デザイナー、書店のみなさんに感謝の言葉は尽きない。何より各遺産の関係者の皆さんには無理なお願いを聞き入れていただいた。多くの方々の「気持ち」は本書に結実していると思う。記して心からの謝意を表したい。

■完成した河内堰堤の放水風景　1927.7.8
工事に携わった人びとの誇らしげな様子もうかがえる。
溢水路の壁にも独自のデザインが施されている。
（写真／新日本製鐵株式會社八幡製鐵所提供）

著者プロフィール

砂田 光紀（すなだ こうき）

1963年鹿児島県生まれ。
学芸員、ミュージアムプロデューサー。
各地の博物館、美術館の計画・設計・製作に関わる。
オフィス フィールドノート代表

九州遺産 近現代遺産編 101

発行日　2005年 6月15日　第 1 刷 発行
　　　　2024年 3月30日　第 11 刷 発行

著者（調査・文・写真）　砂田 光紀（オフィス フィールドノート）

監　修　国土交通省九州運輸局
　　　　九州産業・生活遺産調査委員会

データ構築・調整　国土交通省九州運輸局
　　　　九州産業・生活遺産調査委員会
　　　　オフィス フィールドノート／高須 功治、佐藤 美紀

撮影アシスタント　実崎 信乃、高須 功治

クリエイティブディレクション　水戸岡 鋭治

構成・デザイン　ジョワ・ステューディオ／小谷川 和江、杉本 真文、杉本 睦美、種田 瑞子

表紙・扉イラスト　水戸岡 鋭治＋ドーンデザイン研究所／六反 一光、小原 ゆかり、後藤 康之、小島 英揮

解説イラスト　實設計舎／実崎 信乃

英訳アドバイス　福岡フォリン・リレーションズ／髙木 基子

発行所　弦書房
　　　　〒810-0041
　　　　福岡市中央区大名2-2-43 ELK大名ビル301
　　　　電話 092-726-9885　FAX 092-726-9886

印　刷　アロー印刷株式会社

製　本　篠原製本株式会社

九州産業・生活遺産調査委員会

□九州観光推進機構
□社団法人 日本観光協会
□株式会社 島津興業

ISBN 978-4-902116-35-9 C0026